Blitzmenüs

Text
Margit Proebst

Fotos
Studio L'EVEQUE Tanja & Harry Bischof

Das perfekte Menü

Raffiniert, lecker und schnell zubereitet – so stellen Sie es zusammen.

Was gibt es Schöneres, als mit lieben Gästen einen angenehmen Abend zu verbringen? Gutes Essen gehört unbedingt dazu. Damit Sie als Gastgeber dafür nicht Stunden in der Küche zubringen, sondern entspannt mitgenießen können, stellen Sie Ihr Menü klug zusammen.

Ein paar Kriterien gilt es dabei zu beachten: Zunächst sollten Vorspeise, Hauptgericht und Nachtisch sowohl geschmacklich als auch vom Niveau her aufeinander abgestimmt sein. Wenn Sie ein mediterranes Hauptgericht planen, erinnern am besten auch Vorspeise und Dessert an südliche Gefilde. Nach einer asiatischen Suppe dagegen dürfen Ihre Gäste auch einen asiatisch inspirierten zweiten Gang erwarten. Was das Niveau betrifft: Bestehen Vorspeise und Hauptgericht aus edlen Zutaten, so ist eine simple Quarkcreme als Nachtisch eher enttäuschend. Mit einem raffinierten Dessert aus dem Kapitel ab Seite 90 setzen Sie einen Schlusspunkt, der in Erinnerung bleiben wird. Als nächstes gilt es, die Jahreszeit mit ins Kalkül zu ziehen. Im Frühjahr freut man sich über frische Salate und knackige Frühlingsgemüse wie Spargel. Im Hochsommer sind eisgekühlte Gerichte und leichte Hauptspeisen angesagt. In Herbst und Winter hingegen punkten Sie mit wärmenden Süppchen und feinen Braten mit ruhig etwas gehaltvolleren Beilagen. Und auch das Dessert darf in der kalten Jahreszeit gerne etwas üppiger ausfallen. Berücksichtigen Sie außerdem die Vorlieben Ihrer Gäste: Die einen mögen lieber Fleisch, andere bevorzugen eher die leichte Küche.

Innerhalb der verschiedenen Gänge sollten sich die Hauptzutaten und die Zubereitungsart möglichst nicht wiederholen: Gibt es schon zur Vorspeise Tomaten, so dürfen diese nicht im Hauptgericht wieder eine tragende Rolle spielen. Servieren Sie als ersten Gang eine pürierte Suppe, so sind Pürees als Beilage zum Hauptgericht tabu. Nach einem Fleischgang mit cremiger Sahnesauce ist ein leichter, fruchtiger Nachtisch einem allzu üppigen Cremedessert vorzuziehen.

Und was biete ich meinen Gästen zu trinken an? Zu einem leckeren Essen gehören passende Getränke, bei vielen Rezepten in diesem Buch finden Sie entsprechende Empfehlungen. Die Grundregel »Weißwein zu Fisch und hellem Fleisch, Rotwein zu Rindfleisch, Lamm und Wild« ist zwar nie verkehrt, aber heute gilt: Erlaubt ist, was gefällt bzw. mundet. So sind Sie auch frei, zur Vorspeise und zum Hauptgang den gleichen Wein anzubieten. Wenn Sie wechseln, sollte der erste leichter sein als der zweite. Wer generell keinen Wein mag, darf natürlich auf Bier oder eine Saftschorle ausweichen. Halten Sie beides wie auch ausreichend stilles und sprudelndes Mineralwasser bereit. Für das erste Gläschen zur Begrüßung finden Sie auf den Seiten 12–15 Aperitifs mit und ohne Alkohol und passende Häppchen dazu. Wenn für deren Vorbereitung keine Zeit bleibt: Ihre Gäste freuen sich sicher auch über ein Glas gut gekühlten Prosecco oder trockenen Sekt. Als kleine Knabberei dazu bieten Sie einfach ein paar Chips, Nüsschen oder Oliven an.

Gut geplant …

– mit diesen Tipps sparen Sie Zeit.

Gutes muss nicht kompliziert sein. Das Essen ist wichtig für einen gelungenen Abend mit Gästen, aber nicht alles! Übernehmen Sie sich bei der Auswahl der Gerichte nicht, was den Zeitaufwand und das nötige Können betrifft. Ein guter Gastgeber zeichnet sich nämlich auch dadurch aus, dass er viel Zeit mit seinen Gästen am Tisch verbringt und aufmerksam darauf achtet, dass alle mit Getränken versorgt sind und sich wohl fühlen. Die Zeit, die Sie im Laufe des Abends in der Küche brauchen, sollte sich deshalb auf ein Minimum beschränken. Gut also, wenn die Vorspeise so weit vorbereitet ist, dass nur noch wenige Handgriffe nötig sind. Prima auch, wenn das Dessert servierbereit im Kühlschrank wartet und nur noch hübsch garniert werden muss.

Kein falscher Ehrgeiz: Sie müssen nicht alles selber machen! Das schnelle Vitello tonnato oder das Roastbeef mit Gurkenrelish (Seite 25 und 27) sind beste Beispiele dafür, wie Sie fertig Gekauftes gekonnt aufpeppen und daraus im Nu eine leckere Vorspeise zaubern. Bei den Desserts ist es ähnlich: Wenn's besonders schnell gehen soll, sind die Schichtdesserts im Glas aus fertig gekauften Keksen, Früchten und einer leckeren Creme unschlagbar. Die Rezepte dafür finden Sie auf den Seiten 109–111.
Greifen Sie auf das reiche Angebot an guten Convenience-Produkten zurück: Frische Nudeln aus der Kühltheke, Fond aus dem Glas und Schnittsalatmischungen, die nur noch gewaschen werden müssen, sind echte Hilfen in der schnellen Genießerküche. Auch Instant-Couscous oder 10-Minuten-Reis sparen Zeit ohne spürbare Geschmackseinbuße.

Planung ist das halbe Menü! Alle Rezepte in diesem Buch eignen sich perfekt für feine Menüs, die wenig Mühe machen. Die bei den Gerichten angegebenen Zubereitungszeiten helfen Ihnen bei der klugen Auswahl. Wer noch nicht so versiert ist, findet auf den Seiten 118–121 Menüvorschläge mit genauem Zeitplan. So einen zeitlichen Ablaufplan sollten Sie sich auch für das selbst zusammengestellte Menü schreiben. Überlegen Sie auch genau, was Sie im Laufe des Abends an Gewürzen und Küchenutensilien benötigen werden, und legen Sie alles in Griffnähe bereit. Das erspart später hektisches Suchen und sorgt für einen reibungslosen Ablauf. Spülen Sie zwischendurch gleich ab, was nicht mehr gebraucht wird, und achten Sie auf Ordnung. Umso einfacher geht dann der nächste Programmpunkt von der Hand.

Zum Schluss noch eins: Beginnen Sie rechtzeitig und planen Sie unbedingt eine Stunde Zeit als Puffer ein. Decken Sie frühzeitig den Tisch und stellen Sie Brot und alles Nötige für den Aperitif bereit. Bevor Ihre Gäste kommen, muss noch Zeit zum Duschen, Umziehen und Zurechtmachen sein. Dann empfangen Sie Ihre Gäste mit einem entspannten Lächeln – und starten zusammen in einen schönen Abend.

1

2

3

4

5

6

Clever gewürzt

1 | Die Basics

Salz und schwarzer Pfeffer aus der Mühle sind die Basiswürze, um einem Gericht Aroma zu verleihen. Weißer Pfeffer (für Fisch) und rosa Pfefferbeeren (für Hähnchengerichte und Desserts) bringen raffinierte Abwechslung.

2 | Frische Kräuter

Daran sollten Sie auch in der Blitzküche niemals sparen. Zwar lassen sich manche (z. B. Thymian, Rosmarin, Oregano, Lorbeer) gut durch getrocknete oder durch tiefgekühlte Kräuter (z. B. Schnittlauch, Petersilie) ersetzen. Die frische Variante aber bringt nicht nur reichlich kräuterfrische Aromen und gesunde Mineralstoffe ins Spiel, sie ist auch was fürs Auge. Zarte Kräuter wie Basilikum, Estragon, Dill und Kerbel schmecken ohnehin nur frisch. Die aber bitte erst kurz vor dem Servieren unter die Sauce ziehen oder auf das fertige Gericht aufstreuen, sonst ist Ihr tolles Aroma hin.

3 | Mediterran

Neben den schon genannten frischen Kräutern darf in mediterranen Speisen der Knoblauch nicht fehlen. Frisch schmeckt er am besten, grüne Triebe im Inneren also bitte unbedingt entfernen. Dazu kommt goldgrünes, aromatisches Olivenöl als Geschmacksträger. Für Salate und Vorspeisen sollten Sie die Kosten für ein gutes kalt gepresstes Öl nicht scheuen. Zum Kochen und Braten genügt auch ein einfacheres raffiniertes Öl.

4 | Asiatisch

Zitronengras, Ingwer und Chilis sind die prägenden Aromageber in der thailändischen Küche. Fisch- oder Sojasauce dient als Salzersatz. Für die indisch inspirierten Rezepte in diesem Buch brauchen Sie neben frischem Ingwer und Knoblauch ein mildes Currypulver. Als Kräutertopping dient für beide Koriandergrün. Wer es nicht mag, kann stattdessen auch fein geschnittene Frühlingszwiebeln oder Schnittlauch verwenden.

5 | Orientalisch

Kreuzkümmel, Koriander, Kardamom und Zimt verbreiten ihr herrliches Aroma, wenn Sie sie für ein orientalisches Gericht anrösten. Ihren Gästen wird das Wasser im Munde zusammenlaufen! Besonders wenn Sie diese Gewürze nicht häufig verwenden, sind ganze Samen, die Sie frisch im Mörser zerstoßen, die richtige Wahl (sie sind in gut schließenden Schraubgläsern ca. 1 Jahr haltbar). Gemahlene Gewürze schmecken schon nach einigen Monaten nur noch halb so gut. Wo Schärfe gefordert ist, erzielen Sie diese durch die Chiliwürzpaste Harissa (aus dem Orientladen oder gut sortierten Supermarkt).

6 | Zitrusfrische

Frischer Zitronen- oder Limettensaft verleiht nicht nur Salatdressings eine frische Säure, sondern gibt auch Suppen und Saucen oft den entscheidenden Geschmackskick. Nicht vergessen: Eine kleine Prise Zucker als Gegengewicht rundet das Gesamtaroma angenehm ab.

Es ist angerichtet

1 | Perfekt gedeckt

Zu einem schönen Essen mit Gästen gehört ein hübsch gedeckter Tisch. Wenn Sie Platzteller besitzen, so legen Sie diese zuerst auf. Andernfalls decken Sie mit dem Teller fürs Hautgericht ein, nehmen ihn dann weg und legen dafür die – eventuell dekorativ gefaltete – Serviette in die Mitte. Besteck und Gläser werden wie auf dem Bild gezeigt arrangiert.

2 | Besteck

Das Besteck wird immer so aufgelegt, dass es nacheinander von außen nach innen verwendet werden kann. Für ein Drei-Gänge-Menü mit Suppe liegt die Gabel links vom Teller, das Messer mit der Schneide nach innen rechts. Der Suppenlöffel kommt rechts neben das Messer, Kuchengabel und Löffel für das Dessert platzieren Sie mittig über dem Teller.

3 | Gläser

Die Gläser werden in der Folge ihrer Verwendung von außen nach innen angeordnet. Rechts außen steht das Wasserglas, daran schließen sich das Glas für die Vorspeise und, wenn Sie das Getränk nach dem ersten Gang wechseln, das zweite Glas an. Dieses steht, mit kleinem Abstand, direkt über der Messerspitze des Hauptgangs. Den Aperitif bieten Sie am besten schon an, bevor sich Ihre Gäste zu Tisch begeben. Die entsprechenden Gläser stellen Sie also separat bereit.

4 | Servietten

Für ein feines Essen mit Gästen sind Stoffservietten die bessere Wahl. Einfache weiße bekommen Sie schon für wenig Geld im Warenhaus. Wer keine Falttechniken in petto hat, rollt die zweimal gefalteten Servietten einfach auf und steckt sie in Serviettenringe.

5 | Kerzen und Blumen

Kerzen verleihen Ihrer Tafel ein festliches Aussehen. Sie sollten nur so hoch sein, dass sie die Sicht der sich gegenübersitzenden Personen nicht behindern. Das Gleiche gilt für Blumen. Diese sollten außerdem nicht so stark riechen, dass sie mit dem Duft der servierten Speisen konkurrieren.

6 | Brot und Salz

Ein Körbchen mit in Scheiben geschnittenem Brot ist, außer bei asiatischen Menüs, immer empfehlenswert. Wer mag, bietet noch Butter oder einen leckeren Aufstrich dazu an.
Ob Sie Salz und Pfeffer auf den Tisch stellen, ist Ihnen überlassen. Auch wenn es als unhöflich gilt, wenn man als Gast das Essen, womöglich ohne es vorher probiert zu haben, nachwürzt, sollten Sie da großzügig sein. Der Geschmack ist einfach verschieden.

Aperol Spritz

Passt ausgezeichnet vor alle mediterranen Menüs.

Für 1 Glas **2–3 Eiswürfel** in ein Weißweinglas geben. **1/4 Scheibe Bio-Orange** und **1 cl Aperol** (ital. Bitterlikör) ins Glas geben und dieses mit gut gekühltem **trockenem Weißwein** (z. B. Chardonnay) auffüllen. Wer mag, gibt für die Optik noch **1 blaue Traube** hinein.

Clever variieren

Für eine spritzigere Variante ersetzen Sie den Weißwein durch **Prosecco** oder **trockenen Sekt.** Und wenn Sie die leicht bittere Note stärker hervorheben möchten, erhöhen Sie die Menge an **Aperol** nach Wunsch.

Orangen-Drink

Guter Allround-Aperitif für Freunde spritziger Drinks.

Für 1 Glas **1/2 Bio-Orange** waschen und abtrocknen. Spiralförmig ein Stück Schale abschälen, dann den Saft auspressen. Saft und Schale mit **2 cl Orangenlikör** (z. B. Cointreau) in ein Longdrinkglas geben und mit eisgekühltem **trockenem Sekt** auffüllen. Den Drink mit einem Trinkhalm servieren.

Clever variieren

Für eine alkoholfreie Variante ersetzen Sie Sekt und Orangenlikör durch **Orangenlimonade.**

Mojito

Schmeckt vor einem orientalischen Menü.

Für 1 Glas den **Saft von 1 Limette** in einem Tumbler mit **1 TL feinem Rohrzucker** und **4 cl weißem Rum** verrühren. **4–5 frische Minzblätter** waschen und hinzufügen. Mit **gestoßenem Eis** und ein wenig **Mineralwasser** auffüllen. Nach Belieben noch **1 Minzezweig** in den Drink stecken und den Drink mit einem kurzen, dicken Trinkhalm servieren.

Clever variieren

Statt mit Mineralwasser können Sie den Drink auch mit gut gekühltem **grünen Tee** auffüllen. Und wenn Sie keinen feinen Rohrzucker im Haus haben, nehmen Sie einfach **Puderzucker.**

Limetten-Ingwer-Drink

Passt gut als Auftakt zu einem asiatischen Menü.

Für 1 Glas **1 Bio-Limette** waschen, abtrocknen und achteln. Mit **1 TL Rohrzucker** und **2–3 Scheiben geschältem frischem Ingwer** in einen Tumbler geben und alles mit einem Stößel ein wenig zerdrücken. **2–3 Eiswürfel** dazugeben und das Glas mit **Gingerale** auffüllen. Den Drink mit einem kurzen, dicken Trinkhalm servieren.

Clever variieren

Statt mit Ginger Ale füllen Sie den Drink mit gut gekühltem **Eistee** auf.

Cranberry-Drink

Aperitif für Freunde herbfrischer Drinks.

Für 4 Gläser **150 g Erdbeeren** waschen, entkelchen und klein schneiden. Mit **100 ml Cranberrysirup** und dem **Saft von 1 Zitrone** im Mixer (oder in einem hohen Mixbecher mit dem Stabmixer) fein pürieren. Die Fruchtsauce mit je **2–3 Eiswürfeln** in vier Longdrinkgläser verteilen und diese mit **Cranberrylimonade** (wie der Cranberrysirup im Bioladen und im gut sortierten Supermarkt erhältlich) auffüllen. Die Glasränder jeweils mit **1 Erdbeere** dekorieren.

Sommerfrucht-Drink

Schmeckt als Start in ein mediterranes Menü.

Für 4 Gläser **2 große Nektarinen** mit einem scharfen kleinen Messer schälen und das Fruchtfleisch vom Stein schneiden. **4–5 reife Aprikosen** waschen und entsteinen. Die Früchte zusammen mit dem **Saft von 1 Zitrone** im Mixer (oder in einem hohen Mixbecher mit dem Stabmixer) fein pürieren. Das Fruchtmus mit je **2–3 Eiswürfeln** in vier Londrinkgläser verteilen und dann mit **Bitter Lemon** oder **Orangenlimonade** aufgießen.

Clever variieren

Die Nektarinen können Sie natürlich durch reife **Pfirsiche** ersetzen.

Forellen-Canapés

Schmecken fein zum Limetten-Ingwer-Drink.

Für 12 Stück **125 g geräucherte Forellenfilets** mit einer Gabel fein zerpflücken und mit **2 EL Zitronensaft** beträufeln. **1 EL Frischkäse** mit **1 EL geriebenem Meerrettich** (aus dem Glas) verrühren. Die Forellenfilets untermengen und die Creme mit **Salz** und **Pfeffer** abschmecken. **12 Scheiben Baguette** (ca. 150 g) damit bestreichen. Mit **je 1/2 TL Forellenkaviar** sowie **kleinen Dillstängeln** und **Zitronenecken** garnieren. Wer keinen Kaviar mag, der lässt ihn einfach weg und mischt noch **1 EL gehackte Dillspitzen** unter die Creme.

Schinken-Canapés

Lieben den Orangen-Drink oder Sherry (Fino).

Für 12 Stück **40 g weiche Butter** mit **1–2 EL Mangochutney** (aus dem Glas) verrühren und mit wenig **Salz** und **Pfeffer** abschmecken. **12 Scheiben Baguette** (ca. 150 g) damit bestreichen. Jeweils **1 kleine Scheibe luftgetrockneten Schinken** (z. B. Parma, Serrano; ca. 120 g) dekorativ darauf anrichten. Von **12 Physalis** die Hüllen öffnen, die Beeren feucht abreiben und samt Hüllen mit **Holzspießchen** auf die Canapés stecken.

Salami-Canapés

Schmecken zum Aperol Spritz oder zu Rosé-Sekt.

Für 12 Stück **40 g weiche Butter** mit **1 EL Balsamico cremoso** (Balsamicocreme, die auch zum Garnieren von Vorspeisen und Salaten verwendet wird) verrühren. **12 Scheiben Baguette** (ca. 150 g) damit bestreichen und etwas **Pfeffer** darübermahlen. Die Brotscheiben mit **feinen Scheiben Salami** (italienische Fenchelsalami oder französische Baguettesalami; 80–100 g) belegen. **12 große grüne Oliven** abtropfen lassen und mit **Holzspießchen** daraufstecken. Statt Salami passt auch **Bresáola** (luftgetrocknetes Rindfleisch); die Oliven ersetzen Sie dann durch **Kirschtomaten.**

Hummus

Passt zum Orangen- oder zum Sommerfrucht-Drink.

Für 6 Personen **1 kleine Dose Kichererbsen** (240 g Abtropfgewicht) in einem Sieb abtropfen lassen. Mit **2 EL Tahina** (Sesampaste aus dem Orientladen), dem **Saft von 1 Zitrone, 1 geschälten Knoblauchzehe, 150 g Joghurt, 1 EL Olivenöl** und **1 TL gemahlenem Kreuzkümmel** im Mixer (oder in einem hohen Mixbecher mit dem Stabmixer) fein pürieren. Hummus mit **Salz, Cayennepfeffer** und **1 Prise Zucker** abschmecken. In eine Schüssel füllen, nach Belieben ein wenig **Olivenöl** darüberträufeln und mit **Sesam-Crackern** und **schwarzen Oliven** servieren.

Avocado-Dip

Passt gut zum Mojito, zu Sekt oder Prosecco.

Für 6 Personen **2 kleine reife Avocados** längs halbieren, den Kern herauslösen, das Fruchtfleisch herauslöffeln und mit einer Gabel zerdrücken. Sofort mit **2 EL Limettensaft** mischen. **1 Knoblauchzehe** schälen und dazupressen. **2 EL Crème fraîche** unterrühren, den Dip **salzen** und **pfeffern. 50 g kleine, sehr frische Champignons** putzen, in feine Scheiben hobeln und untermischen. Dip in eine Schüssel füllen (bis zum Servieren einen Avocadokern dazugeben – verhindert das Braunwerden). Mit dünnen **Baguettescheiben** oder **Crackern** servieren.

Tomaten-Dip

Schmeckt zum Cranberry-Drink oder Aperol Spritz.

Für 6 Personen **6 getrocknete, in Öl eingelegte Tomaten** (aus dem Glas) abtropfen lassen und fein würfeln. **150 g Frischkäse** mit **2 EL Joghurt,** den getrockneten Tomaten, **1 TL Tomatenmark** und **1/2 TL getrocknetem Thymian** im Mixer (oder einem hohen Mixbecher mit dem Stabmixer) fein pürieren. Creme mit **Salz** und **Pfeffer** abschmecken. **10 schwarze Oliven** entsteinen, klein schneiden und untermischen. Dip in eine Schüssel füllen und bis zum Servieren zugedeckt kalt stellen. Dazu passen **Grissini.**

DIE VORSPEISE – DER GELUNGENE AUFTAKT

Ob mediterran, asiatisch oder orientalisch, ob frischer Salat, wärmendes Süppchen oder Raffinertes im trendigen Gläschen – der erste Gang eines Menüs stimmt auf das kulinarische Thema des Hauptgangs ein. Wählen Sie nach Jahreszeit, den Vorlieben Ihrer Gäste oder einfach nach Lust und Laune!

Pfirsich-Caprese

fruchtig-frisch
Zubereitung: ca. 20 Min. | Pro Portion: ca. 345 kcal

Für 4 Personen

4 große reife Pfirsiche | 2 Kugeln Mozzarella (je 125 g) | 1 Bund frische Minze (ersatzweise Zitronenmelisse) | 1 Bio-Zitrone
Salz | 1/3 TL Zucker | 1/2 TL Dijonsenf
Pfeffer | 6 EL mildes Olivenöl

1 Die Pfirsiche 1 Min. in kochendes Wasser legen, mit dem Schaumlöffel herausheben und unter fließendem kaltem Wasser abschrecken. Die Pfirsiche häuten und das Fruchtfleisch in schmalen Spalten vom Stein schneiden. Die Mozzarellakugeln abtropfen lassen, halbieren und anschließend in dünne Scheiben schneiden.

2 Die Pfirsichspalten und Mozzarellascheiben im Wechsel dachziegelförmig auf vier Tellern anrichten. Die Minze waschen und trocken schütteln, die Blätter abzupfen und darüberstreuen.

3 Die Zitrone heiß abwaschen und abtrocknen. Erst die Schale mit dem Zestenreißer in feinen Streifen abziehen, dann den Saft auspressen. Zitronensaft, 1/4 TL Salz, Zucker, Senf und etwas frisch gemahlenen Pfeffer verrühren und das Olivenöl unterschlagen, bis eine cremige Emulsion entsteht. Die Zitronenzesten unterrühren. Das Dressing über Pfirsiche und Mozzarella träufeln und das Caprese mit Ciabatta und einem Glas Prosecco servieren.

Melone mit Schinken-Grissini

südländisch-leicht | *Zubereitung: ca. 25 Min.*
Kühlen: ca. 1 Std. | Pro Portion: ca. 190 kcal

Für 4 Personen

je 1 Cantaloup- und Galia-Melone
6 EL Sherry medium (ersatzweise Orangensaft)
Pfeffer | 12 Grissini
12 Scheiben luftgetrockneter Schinken (Parma, San Daniele oder Serrano; ca. 150 g)

1 Die Melonen halbieren und die Kerne herauskratzen. Aus dem Fruchtfleisch mit einem Kugelausstecher gleichmäßige Kugeln formen und diese in einer Schüssel mischen. Die Melonenkugeln mit Sherry beträufeln und dann zugedeckt für ca. 1 Std. in den Kühlschrank stellen.

2 Zum Servieren die Melonenkugeln samt Saft in vier Gläser füllen und mit ein wenig schwarzem Pfeffer übermahlen. Die Gläser auf vier Teller stellen und jeweils einen Löffel oder Cocktailspieß hineinstecken.

3 Die Grissini mit den Schinkenscheiben umwickeln und je 3 davon neben die Gläser legen. Dazu passt sehr gut ein leichter italienischer Rotwein.

Clever servieren

Umwickeln Sie die Grissini erst in allerletzter Minute vor dem Auftragen der Vorspeise mit dem Schinken. Wenn sie länger liegen, weicht der Schinken nämlich die Grissini auf und die Knusprigkeit ist dahin.

links: Pfirsich-Caprese | rechts: Melone mit Schinken-Grissini

Waldorfsalat

mit Knuspertopping
Zubereitung: ca. 25 Min. | Pro Portion: ca. 175 kcal

Für 4 Personen

50 g Walnusskerne | 1 EL Puderzucker | Salz
300 g Knollensellerie | 2 säuerliche Äpfel (z. B. Braeburn) | 4 EL Zitronensaft | Zucker
je 2 EL Crème fraîche und Joghurt | Pfeffer

1 Walnüsse grob hacken. Puderzucker in einem Pfännchen schmelzen. Walnüsse mit 1 Prise Salz unterrühren und goldbraun karamellisieren lassen. Die Nüsse auf Backpapier verteilen und abkühlen lassen.

2 Den Sellerie schälen und grob raspeln. Die Äpfel schälen und ohne Kerngehäuse in feine Stifte schneiden. Den Zitronensaft mit 1/4 TL Zucker verrühren und mit Sellerieraspeln und Apfelstiften mischen.

3 Crème fraîche und Joghurt verrühren, mit je 1 kräftigen Prise Salz und Zucker und etwas frisch gemahlenem Pfeffer würzen. Die Sellerie-Apfel-Mischung unterheben und bis zum Servieren zugedeckt kalt stellen.

4 Den Waldorfsalat mit Salz, Zucker und Pfeffer abschmecken und auf vier Tellern anrichten. Walnusskrokant darüberbröseln. Mit Baguette und einem Glas trockenem Rosé-Wein servieren.

Clever variieren

Sie können 1 der Äpfel durch **3–4 Scheiben klein gewürfelte frische Ananas** ersetzen.

Scharfer Möhrensalat

asiatisch inspiriert *| Zubereitung: ca. 25 Min.*
Kühlen: ca. 1 Std. | Pro Portion: ca. 190 kcal

Für 4 Personen

500 g saftige Bundmöhren | 3 Frühlingszwiebeln | 1/2 frische Ananas | 1 große rote Chilischote | 3–4 EL Limettensaft | Zucker
Salz | 4 EL Walnussöl (ersatzweise neutrales Öl) | 2 EL geröstete, gesalzene Erdnüsse

1 Die Möhren vom Grün befreien, schälen und grob raspeln. Die Frühlingszwiebeln putzen, waschen und anschließend schräg in feine Ringe schneiden.

2 Die Ananas schälen, den harten Strunk in der Mitte herausschneiden und das Fruchtfleisch klein würfeln. Die Chilischote längs aufschneiden, entkernen, waschen und in feine Streifen schneiden.

3 3 EL Limettensaft, 1 TL Zucker und 1 kräftige Prise Salz in einer Schüssel verrühren, bis sich beide gelöst haben. Dann das Öl unterschlagen, alle vorbereiteten Zutaten untermischen und den Salat für ca. 1 Std. zugedeckt kalt stellen.

4 Den Salat noch einmal mit Salz, Zucker und Limettensaft abschmecken, durchmischen und in vier Schalen oder auf vier Tellern anrichten. Die Erdnüsse im Mörser grob zerstoßen und darüberstreuen. Dazu passt Wasser, Mango- oder Ananassaftschorle.

links: Waldorfsalat | rechts: Scharfer Möhrensalat

Räucherlachs-Gurken-Salat

gut vorzubereiten
Zubereitung: ca. 20 Min. | Pro Portion: ca. 235 kcal

Für 4 Personen

200 g griechischer Joghurt (10 % Fett)
1 EL Zitronensaft | 1 EL Olivenöl
Salz | Pfeffer | Zucker | 1/2 Bund Dill
1 Salatgurke | 200 g Räucherlachs in Scheiben

1 Den Joghurt mit Zitronensaft und Olivenöl glatt rühren und mit Salz, Pfeffer und 1 kleinen Prise Zucker würzen. Vom Dill vier hübsche kleine Stängel für die Deko in feuchtes Küchenpapier wickeln und im Gemüsefach des Kühlschranks frisch halten. Übrige Dillspitzen hacken und unter den Joghurt ziehen.

2 Die Gurke nach Belieben schälen, längs halbieren, die Kerne herauskratzen und die Hälften klein würfeln. Vom Räucherlachs 2 Scheiben halbieren und für die Deko zurückbehalten, den Rest klein schneiden.

3 Die Gurkenstückchen in vier Gläser verteilen und leicht salzen. Den Räucherlachs daraufgeben und mit der Joghurtcreme bedecken. Die Salate bis zum Servieren zugedeckt kalt stellen.

4 Je 1/2 Scheibe Lachs zu einem Röschen drehen und die Salate damit und mit den Dillstängeln garnieren. Mit Baguette und einem Glas trockenem Sekt servieren.

Meeresfrüchtesalat

mediterran | *Zubereitung: ca. 20 Min.*
Auftauen: ca. 2 Std. | Pro Portion: ca. 200 kcal

Für 4 Personen

600 g TK-Meeresfrüchte
2 Knoblauchzehen
2 Zweige Rosmarin
6 getrocknete, in Öl eingelegte Tomaten
2 EL Olivenöl | 2 EL Pinienkerne
Salz | Pfeffer
4 Salatblätter (z. B. Novita, Lollo biondo)
1–2 EL Zitronensaft

1 Die Meeresfrüchte rechtzeitig aus dem Tiefkühlfach und der Packung nehmen, in ca. 2 Std. bei Zimmertemperatur auftauen und in einem Sieb abtropfen lassen.

2 Den Knoblauch schälen und in feine Scheiben schneiden. Rosmarin waschen, die Nadeln abzupfen und grob hacken. Die Tomaten abtropfen lassen und fein würfeln.

3 Das Öl in einer Pfanne erhitzen. Pinienkerne, Knoblauch, Tomaten und Rosmarin darin bei mittlerer Hitze ca. 1 Min. anbraten. Meeresfrüchte dazugeben und unter Rühren in 3–4 Min. garen. Mit Salz und Pfeffer würzen.

4 Die Salatblätter waschen und trocken tupfen, vier Kelchgläser oder Schälchen damit auslegen. Die lauwarmen Meeresfrüchte mit Zitronensaft abschmecken und in die Gläser füllen. Dazu passt Ciabatta und ein kräftiger italienischer Weißwein.

links: Räucherlachs-Gurken-Salat | rechts: Meeresfrüchtesalat

Vitello tonnato

Blitzvariante des Italo-Klassikers

Zubereitung: ca. 25 Min. | Pro Portion: ca. 295 kcal

Für 4 Personen

1 Dose Thunfisch in Öl (185 g Abtropfgewicht)
4 EL kleine Kapern (aus dem Glas)
2 Stängel Petersilie | 2–3 EL Zitronensaft
4 EL Salatmayonnaise
6 EL Kalbsfond (aus dem Glas; ersatzweise Instant-Gemüsebrühe)
Salz | Pfeffer | Zucker
300 g Kalbsbraten-Aufschnitt
1 Bio-Zitrone

1 Den Thunfisch in ein Sieb geben und abtropfen lassen. Die Kapern ebenfalls abtropfen lassen, die Hälfte davon fein hacken. Die Petersilie waschen und trocken schütteln, die Blätter fein schneiden.

2 Thunfisch mit 2 EL Zitronensaft, Mayonnaise und Fond im Mixer (oder in einem hohen Mixbecher mit dem Stabmixer) fein pürieren. Gehackte Kapern und die Petersilie unterrühren und die Sauce mit Salz, Pfeffer, übrigem Zitronensaft und 1 Prise Zucker abschmecken.

3 Den Kalbsbraten-Aufschnitt auf vier Tellern anrichten. Die Thunfischsauce darauf verteilen und die übrigen Kapern daraufstreuen. Die Zitrone heiß abwaschen, abtrocknen, in Schnitze oder Scheiben schneiden und das Vitello tonnato damit garnieren. Dazu passt knuspriges Ciabatta und ein fruchtiger Weißwein.

Variante mit Mango-Salsa

Für 4 Personen | **2 EL Mandelstifte** in einem Pfännchen ohne Fett bei schwacher Hitze rösten und abkühlen lassen. **1 reife Mango** schälen, das Fruchtfleisch vom Stein schneiden und klein würfeln. **1 große rote Chilischote** längs aufschneiden, entkernen, waschen und fein schneiden. **2 Frühlingszwiebeln** putzen, waschen und fein schneiden. **2 EL Zitronensaft** mit **1 Prise Salz** und **3 EL neutralem Pflanzenöl** verrühren und die vorbereiteten Zutaten untermischen. Den Kalbsbraten-Aufschnitt auf vier Tellern anrichten und die Mango-Salsa darüber verteilen.

Variante mit Korianderpesto

Für 4 Personen | **1 Bund Koriandergrün** waschen und trocken schütteln, die groben Stiele entfernen. **1 Stängel Zitronengras** von den äußeren harten Blättern befreien, das weiche untere Drittel fein schneiden. **1 Stück frischen Ingwer** (ca. 2 cm) schälen und hacken. **2–3 kleine grüne Thai-Chilischoten** (aus dem Asienladen) waschen und die Stiele entfernen. Alle Zutaten mit **3 EL Limettensaft, 1/2 TL Zucker, 4 EL Gemüsefond** (aus dem Glas; oder Instant-Gemüsebrühe) und **4 EL neutralem Pflanzenöl** im Mixer (oder in einem hohen Mixbecher mit dem Stabmixer) fein pürieren. Das Pesto mit **Salz** abschmecken. Den Kalbsbraten-Aufschnitt auf vier Tellern anrichten und das Korianderpesto darüberträufeln.

Clever vorbereiten

Sowohl die Thunfischsauce als auch das Korianderpesto lassen sich gut am Vortag vorbereiten und zugedeckt im Kühlschrank aufbewahren. Die Mango-Salsa dagegen schmeckt frisch gemacht besser.

Roastbeef mit Gurkenrelish

gelingt ganz leicht | *Zubereitung: ca. 15 Min.* | *Pro Portion: ca. 210 kcal*

Für 2 Personen

1 Stück Salatgurke (ca. 10 cm)
1 große rote Chilischote
1 Frühlingszwiebel
4 Stängel Koriandergrün
2 EL Limettensaft
1 TL Zucker | Salz
2 EL neutrales Pflanzenöl
150 g Roastbeef-Aufschnitt

1 Das Gurkenstück waschen, längs halbieren, die Kerne herauskratzen und das Fruchtfleisch fein würfeln. Die Chilischote waschen, längs aufschneiden, entkernen und die Hälften fein schneiden. Die Frühlingszwiebel putzen, waschen und ebenfalls fein schneiden. Das Koriandergrün waschen und trocken schütteln, die Blätter und die zarten Stiele fein hacken.

2 Den Limettensaft mit dem Zucker und 1 kräftigen Prise Salz verrühren, bis beide sich aufgelöst haben. Das Öl unterschlagen und alle vorbereiteten Zutaten unterrühren. Bis zum Anrichten zugedeckt kalt stellen.

3 Die Roastbeefscheiben leicht überlappend auf zwei Tellern anrichten. Das Gurkenrelish darüber verteilen und die Vorspeise mit knusprigem Baguette und einem Glas trockenem Weißwein servieren.

Clever variieren

Statt Gurkenrelish schmeckt auch die **Mango-Salsa** von Seite 25 sehr gut zum Roastbeef.

Schinken-Carpaccio

spanisch inspiriert | *Zubereitung: ca. 20 Min.* | *Pro Portion: ca. 150 kcal*

Für 4 Personen

2 EL Pinienkerne
1 Bund Frühlingszwiebeln
1 EL Butter
1/3 TL gemahlener Kardamom
1 EL Crème fraîche
Salz | Pfeffer
200 g Serranoschinken in dünnen Scheiben

1 Pinienkerne in einem Pfännchen ohne Fett bei schwacher Hitze goldbraun rösten. Abkühlen lassen.

2 Inzwischen die Frühlingszwiebeln putzen, waschen und die weißen und grünen Teile getrennt voneinander in feine Ringe schneiden.

3 Die Butter in einer Pfanne schmelzen. Die weißen Teile der Frühlingszwiebeln darin ca. 1 Min. unter Rühren anbraten. Kardamom und Crème fraîche hinzufügen und ca. 1 Min. schmoren lassen. Salzen und pfeffern und das Frühlingszwiebelgrün untermischen. Lauwarm abkühlen lassen.

4 Den Serranoschinken dekorativ auf vier Tellern auslegen. Die Frühlingszwiebeln darüber verteilen und die gerösteten Pinienkerne darüberstreuen. Dazu schmeckt knuspriges Weißbrot und ein gut gekühlter trockener Sherry (Fino).

Clever tauschen

Statt der Pinienkerne passen auch **geröstete Mandelstifte** zum Schinken-Carpaccio.

Paprika-Tomaten-Suppe
mit Mozzarellaspießen

italienisch-spanischer Aromen-Mix | *Zubereitung: ca. 25 Min.* | *Kühlen: ca. 2 Std.* | *Pro Portion: ca. 225 kcal*

Für 4 Personen

50 g altbackenes Weißbrot
2–3 EL Sherryessig
1 Glas gegrillte, in Öl eingelegte Paprikaschoten (280 g Abtropfgewicht)
1 Knoblauchzehe
600 ml Tomatensaft
Salz | Cayennepfeffer
Zucker
1 Schale Mini-Mozzarellakugeln (150 g)
2 Stängel Zitronenmelisse
abgeriebene Schale von 1 Bio-Zitrone
3 EL gehäutete, gemahlene Mandeln

Außerdem:

4 Spieße (12 cm Länge)

1 Das Brot zerkrümeln und mit 2 EL Essig beträufeln. Die Paprikaschoten in einem Sieb abtropfen lassen, dann, falls noch nicht geschehen, die Haut so gut es geht abziehen. Den Knoblauch schälen und durchpressen.

2 Die Paprikaschoten, das eingeweichte Brot, den Tomatensaft und den Knoblauch im Mixer (oder in einem hohen Mixbecher mit dem Stabmixer) fein pürieren. Mit restlichem Essig, Salz, Cayennepfeffer und 1 Prise Zucker würzig abschmecken. Die Suppe für ca. 2 Std. im Kühlschrank durchkühlen lassen.

3 Die Mozzarellakugeln abtropfen lassen. Die Zitronenmelisse waschen und trocken schütteln, die Blätter fein schneiden. Zitronenschale, Mandeln, Zitronenmelisse und je 1 kleine Prise Salz und Cayennepfeffer in einer Plastikdose (mit Deckel) mischen. Die Mozzarellakugeln hineingeben, die Dose verschließen und kräftig durchrütteln, bis alle Kugeln mit der Mandelmischung umhüllt sind. Die Mozzarellakugeln auf die Spieße stecken.

4 Die Suppe in vier vorgekühlte Suppenschalen gießen und mit den Mozzarellaspießen und Baguette servieren.

Clever einkaufen

In einer Packung **Mini-Mozzarellakugeln** sind meist 15 Stück, drei pro Spieß sind für diese Vorspeise genug. Den Rest können Sie am nächsten Tag mit Tomatenscheiben in einem Sandwich genießen.

Clever variieren

Wem die Sache mit den Mozzarellaspießen zu kompliziert ist, der beträufelt die Suppe mit je **1 EL Chiliöl** und garniert sie mit in Öl eingelegten, gut abgetropften und längs geviertelten **Artischockenherzen** (aus dem Glas).

Meerrettichcremesuppe
mit Räucherforelle

sommerlich frisch | *Zubereitung: ca. 30 Min.* | *Kühlen: ca. 2 Std.* | *Pro Portion: ca. 190 kcal*

Für 4 Personen

1 Zwiebel
1 Knoblauchzehe
2 mehligkochende Kartoffeln (ca. 200 g)
1 EL Butter
100 ml Weißwein (ersatzweise Gemüsebrühe)
1/2 l Gemüsebrühe
Salz | weißer Pfeffer
100 g Sahne
1–2 EL Meerrettich (frisch gerieben oder aus dem Glas)
1–2 EL Zitronensaft
Zucker
125 g geräucherte Forellenfilets

Außerdem:

etwas Kresse für die Deko

1 Die Zwiebel und den Knoblauch schälen und fein hacken. Die Kartoffeln waschen, schälen und anschließend in kleine Würfel schneiden.

2 Die Butter in einem Topf erhitzen. Zwiebel und Knoblauch darin bei mittlerer Hitze in ca. 1 Min. glasig braten. Die Kartoffelwürfel dazugeben und mit Wein und Brühe ablöschen. Aufkochen und zugedeckt bei mittlerer Hitze 10–12 Min. kochen lassen. Die Suppe mit Salz und weißem Pfeffer würzen, abkühlen lassen und für ca. 2 Std. in den Kühlschrank stellen.

3 Die Sahne steif schlagen. Die Suppe fein pürieren, Meerrettich und Schlagsahne unterrühren und alles mit Zitronensaft, Salz, weißem Pfeffer und 1 Prise Zucker würzig abschmecken. Die Suppe in vier Schalen verteilen. Die Forellenfilets schräg in Stücke schneiden und die Suppen damit und mit etwas Kresse garnieren.

Clever servieren

Damit die Suppe an heißen Tagen schön kalt bleibt, stellen Sie die Suppenschalen vor dem Befüllen ca. 10 Min. ins Gefrierfach.

Clever variieren

Für ein asiatisches **Wasabisüppchen** mixen Sie statt Meerrettich 1–3 TL Wasabipaste (je nach gewünschter Schärfe) unter die Suppe und garnieren Sie diese mit Forellenkaviar und 2 in hauchfeine Streifen geschnittenen Noriblättern (gepresste Algenblätter, die man für Sushi verwendet – wie die Wasabipaste im Asienladen erhältlich).

Minestrone mit Parmesan-Crostini

Gruß aus Italien | *Zubereitung: ca. 30 Min.* | *Pro Portion: ca. 350 kcal*

Für 4 Personen

Für die Minestrone:

1 Zwiebel
3 Stangen Staudensellerie
3 kleine Möhren
2 kleine Zucchini
3 EL Olivenöl
1 EL Tomatenmark
800 ml Instant-Gemüsebrühe
1 kleine Dose weiße Bohnen (240 g Abtropfgewicht)
1 Knoblauchzehe
Salz | Pfeffer

Für die Crostini:

1 Zweig Rosmarin
50 g weiche Butter
2 EL frisch geriebener Parmesan
Pfeffer
1 Knoblauchzehe (nach Belieben)
150 g Baguette (ergibt 12 Scheiben)

1 Für die Minestrone die Zwiebel schälen und grob hacken. Den Sellerie waschen, eventuell entfädeln und in Scheiben schneiden. Möhren schälen und in Scheiben schneiden. Die Zucchini waschen, putzen, längs halbieren und in Halbmonde schneiden. Das Öl in einem Topf erhitzen, Zwiebel und Tomatenmark darin ca. 1 Min. glasig anschwitzen. Mit Brühe ablöschen, Möhren und Sellerie dazugeben. Die Suppe aufkochen und ca. 10 Min. halb zugedeckt bei schwacher Hitze köcheln lassen.

2 Inzwischen für die Crostini den Backofen auf 200° (Umluft 180°) vorheizen. Den Rosmarin waschen und trocken schütteln, die Nadeln fein hacken. Diese mit Butter und Parmesan verrühren und die Creme mit Pfeffer würzen. Nach Belieben den Knoblauch schälen, dazupressen und unterrühren. Das Baguette in 12 Scheiben schneiden und mit der Parmesancreme bestreichen. Crostini nebeneinander auf ein Backblech legen und in 5–6 Min. im heißen Backofen (oben) goldbraun backen.

3 Die Bohnen in ein Sieb abgießen, kalt abbrausen und mit den Zucchini zur Suppe geben. Den Knoblauch schälen und dazupressen. Die Suppe weitere 5 Min. kochen lassen, dann mit Salz und Pfeffer abschmecken. Minestrone in vier tiefe Teller verteilen und die Parmesan-Crostini dazu reichen.

Clever variieren

Für eine **orientalische Gemüsesuppe** (4 Personen) 3 Möhren und 3 Zucchini wie beschrieben vorbereiten. 800 ml Instant-Gemüsebrühe aufkochen lassen, mit je 1/2 TL Harissa (Chilipaste), gemahlenem Kreuzkümmel und gemahlener Kurkuma würzen und das Gemüse darin 10 Min. halb zugedeckt köcheln lassen. 1 kleine Dose Kichererbsen (240 g Abtropfgewicht) und 1 durchgepresste Knoblauchzehe dazugeben und 5 Min. mitkochen lassen. Dazu schmeckt knusprig aufgebackenes Fladenbrot.

Rote-Linsen-Suppe mit Kreuzkümmeljoghurt

raffiniert verfeinert | *Zubereitung: ca. 25 Min.* | *Pro Portion: ca. 260 kcal*

Für 4 Personen

1 Zwiebel
2 Knoblauchzehen
1 Möhre
2 Frühlingszwiebeln
3 EL Olivenöl
200 g rote Linsen
800 ml Instant-Gemüsebrühe
1/2–1 TL Harissa (Chilipaste)
2 TL Kreuzkümmelsamen
200 g Joghurt (3,5 % Fett)
Salz | 1–2 EL Zitronensaft

1 Die Zwiebel und den Knoblauch schälen und fein hacken. Die Möhre schälen und in dünne Scheiben schneiden. Die Frühlingszwiebeln putzen, waschen und die weißen und grünen Teile getrennt fein schneiden.

2 In einem Suppentopf 2 EL Öl erhitzen. Zwiebel und Knoblauch darin ca. 1 Min. anschwitzen. Linsen, Möhre und weiße Frühlingszwiebelteile dazugeben und ca. 1 Min. unter Rühren anbraten. Mit der Brühe ablöschen, Harissa unterrühren und die Suppe zugedeckt ca. 12 Min. bei mittlerer Hitze kochen lassen.

3 Inzwischen die Kreuzkümmelsamen in einem Pfännchen bei schwacher Hitze ohne Fett rösten, etwas abkühlen lassen. Mit dem restlichen Olivenöl unter den Joghurt rühren.

4 Das Frühlingszwiebelgrün unter die Suppe rühren, diese mit Salz und Zitronensaft abschmecken, in vier Suppenschalen verteilen und mit dem Kreuzkümmeljoghurt garnieren.

Kokos-Tomaten-Suppe mit Hähnchenstreifen

asiatisch inspiriert | *Zubereitung: ca. 25 Min.* | *Pro Portion: ca. 285 kcal*

Für 4 Personen

200 g Hähnchenbrustfilet
Cayennepfeffer
1 Knoblauchzehe
1 TL flüssiger Honig
1 Dose Kokosmilch (400 ml)
1 Dose stückige Tomaten (400 g)
1/2–1 EL rote Currypaste
1 EL neutrales Pflanzenöl
Salz
2–3 TL Limettensaft
Zucker
Koriandergrün (nach Belieben)

1 Das Hähnchenbrustfilet kalt abwaschen, abtrocknen und in dünne Streifen schneiden. Mit Cayennepfeffer würzen. Den Knoblauch schälen, fein hacken und mit dem Honig unter das Hähnchenfleisch mischen.

2 Kokosmilch, Tomaten und Currypaste in einem Topf verrühren, aufkochen und 4–5 Min. zugedeckt bei schwacher Hitze köcheln lassen. Das Öl in einer Pfanne erhitzen, die Hähnchenstreifen darin in 3–4 Min. bei mittlerer Hitze goldbraun braten, salzen und beiseitestellen.

3 Suppe nach Belieben glatt pürieren und mit Salz, Cayennepfeffer, Limettensaft und 1 Prise Zucker abschmecken. Hähnchenstreifen in vier Suppenschalen geben, Suppe daraufschöpfen, eventuell mit Koriandergrün garnieren.

Clever einkaufen

Die besten **Currypasten** finden Sie im Asienladen in der Kühltheke. Im Notfall tun's aber auch die aus dem Asienregal im Supermarkt.

Kürbiscremesuppe mit Ingwer

mit feiner Schärfe | *Zubereitung: ca. 20 Min.*
Kochen: ca. 20 Min. | *Pro Portion: ca. 135 kcal*

Für 4 Personen

1 kleiner Hokkaido-Kürbis (ca. 800 g)
1 Zwiebel | 2 Knoblauchzehen | 1 Stück frischer Ingwer (ca. 60 g) | 1 Bio-Orange
3 EL Butterschmalz | 1 EL Currypulver
3/4 l Instant-Gemüsebrühe
Salz | Cayennepfeffer

1 Den Kürbis gründlich waschen, halbieren, Kerne und Fasern entfernen. Die Hälften samt Schale würfeln. Zwiebel, Knoblauch und die Hälfte des Ingwers schälen, fein hacken. Orange heiß abwaschen, abtrocknen, Schale abreiben und Saft auspressen.

2 In einem Topf 2 EL Butterschmalz erhitzen. Zwiebel, Knoblauch, gehackten Ingwer, Currypulver und Kürbis darin ca. 2 Min. anbraten. Mit Orangensaft und Gemüsebrühe ablöschen, Orangenschale hinzufügen. Die Suppe aufkochen und bei mittlerer Hitze zugedeckt ca. 20 Min. kochen lassen.

3 Übrigen Ingwer schälen, in feine Stifte schneiden und im übrigen Butterschmalz 2–3 Min. braten. Herausnehmen und auf Küchenpapier abtropfen lassen. Die Suppe mit dem Stabmixer fein pürieren und mit Salz und Cayennepfeffer abschmecken. In vier Suppenschalen füllen und mit den Ingwerstiften garnieren.

Kartoffel-Petersilien-Suppe

preiswert
Zubereitung: ca. 30 Min. | *Pro Portion: ca. 245 kcal*

Für 4 Personen

1 Zwiebel | 1 Knoblauchzehe
800 g mehligkochende Kartoffeln
2 Petersilienwurzeln | 2 EL neutrales Pflanzenöl
3/4 l Instant-Gemüsebrühe
1 Bund Petersilie | 40 g Butter | Salz
Pfeffer | frisch geriebene Muskatnuss

1 Die Zwiebel und den Knoblauch schälen und fein hacken. Kartoffeln und Petersilienwurzeln schälen und klein würfeln.

2 Das Öl in einem Suppentopf erhitzen. Zwiebel und Knoblauch darin 1 Min. anbraten. Kartoffeln und Petersilienwurzeln dazugeben und mit der Gemüsebrühe ablöschen. Suppe aufkochen und zugedeckt 12–15 Min. bei mittlerer Hitze kochen lassen.

3 Inzwischen die Petersilie waschen, trocken schütteln und die Blätter fein schneiden. Die Butter in einem Pfännchen schmelzen, die Petersilie darin 1 Min. braten und mit 1 Prise Salz würzen.

4 Kartoffeln und Petersilienwurzeln in der Suppe mit dem Kartoffelstampfer (nicht mit dem Stabmixer!) nicht zu fein zerstampfen. Die Petersilienbutter unterrühren und die Suppe mit Salz, Pfeffer und Muskatnuss abschmecken.

links: Kürbiscremesuppe mit Ingwer | rechts: Kartoffel-Petersilien-Suppe

Weinsuppe mit Zimt-Croûtons

Raffiniertes aus Österreich | *Zubereitung: ca. 25 Min.* | *Pro Portion: ca. 370 kcal*

Für 6 Personen

3 Scheiben altbackenes Weißbrot
2 EL Butter
je 400 ml Rinder- und Gemüsefond (aus dem Glas)
400 ml trockener Weißwein
400 g Sahne
1 EL Zimtpulver | Salz
frisch geriebene Muskatnuss
6 Eigelb (Größe M)

1 Für die Croûtons das Brot entrinden und klein würfeln. Die Butter in einer Pfanne schmelzen und die Brotwürfel darin bei schwacher Hitze knusprig braun rösten.

2 Rinder- und Gemüsefond, Wein und die Hälfte der Sahne in einen Topf geben, aufkochen und 5 Min. zugedeckt bei schwacher Hitze kochen lassen. Mit der Hälfte des Zimtpulvers, Salz und etwas Muskatnuss würzen.

3 Die übrige Sahne mit den Eigelben verquirlen, bei schwächster Hitze langsam nach und nach zur Suppe geben und dabei kräftig mit dem Schneebesen schlagen, bis die Suppe eine samtig-cremige Konsistenz erhält. Wichtig: Sie darf jetzt nicht mehr aufkochen, weil das Ei sonst gerinnt!

4 Die Suppe in sechs Suppenschalen verteilen, die Croûtons daraufgeben und je 1 kräftige Prise Zimt darüberstreuen.

Clever vorbereiten

Bis Schritt 2 können Sie alles vorbereiten. Wenn Sie mit Ihren Gästen den Aperitif genommen haben, erhitzen Sie die Suppenbasis, verrühren inzwischen Sahne und Eigelbe und stellen die Weinsuppe damit schnell fertig. Wenn Sie dazu parallel die Croûtons jetzt frisch rösten, umso besser. Sie schmecken aber auch, wenn sie schon vorbereitet wurden.

Clever tauschen

Wenn Sie übrigens eine gute **selbst gekochte Fleischbrühe** im TK-Vorrat haben, können Sie natürlich die anstelle der Fonds aus dem Glas verwenden.

Variante – Käsesuppe mit Parmesan-Croûtons

Für 6 Personen | **4 entrindete Toastbrotscheiben** mit einer Mischung aus **40 g weicher Butter, 2 EL geriebenem Parmesan** und **1/4 TL getrocknetem Thymian** bestreichen und in kleine Rauten schneiden. Diese auf dem Blech im Backofen bei 180° (Mitte, Umluft 160°) in 8–10 Min. knusprig backen. Inzwischen in der Basis aus **Brühe, Wein** und **Sahne 500 g sahnigen Schmelzkäse** schmelzen und die Suppe mit **Salz, Pfeffer, frisch geriebener Muskatnuss, 1 EL Zitronensaft** sowie **1 Prise Zucker** pikant abschmecken. **2 Bund Frühlingszwiebeln** putzen, waschen, fein schneiden, in **2 EL Butter** 2–3 Min. dünsten und mit Salz und Muskat würzen. In Suppentassen verteilen, die Suppe daraufschöpfen und die Parmesankäse-Croûtons darauflegen.

Pilzsalat
mit Walnuss-Crostini

Herbstgenuss | *Zubereitung: ca. 30 Min.* | *Pro Portion: ca. 460 kcal*

Für 4 Personen

Für den Pilzsalat:

600 g frische Pilze (z. B. braune Champignons, Austernpilzkappen, Pfifferlinge)
1 Knoblauchzehe
1 kleiner Kopf Eichblattsalat
1 kleines Bund Estragon
6 EL Olivenöl
Salz | Pfeffer
2 EL Estragonessig

Für die Crostini:

50 g Walnusskerne
2 Stängel Petersilie
60 g weiche Butter
1 EL frisch geriebener Parmesan
Salz | Pfeffer
150 g Baguette (ergibt 12 Scheiben)

Clever tauschen

Estragon verleiht dem Salat eine aromatisch-säuerliche Note, die sehr gut zu den Pilzen passt. Wenn Sie keinen frischen bekommen, würzen Sie die Pilze mit **1 TL getrocknetem Estragon.** Statt Estragonessig können Sie auch milden **Weißweinessig** oder **Zitronensaft** nehmen.

1 Für den Salat die Pilze putzen, trocken abreiben und in Scheiben oder Stücke schneiden. Den Knoblauch schälen und fein hacken.

2 Den Salat putzen, waschen, die Blätter in mundgerechte Stücke zupfen und in einem Sieb abtropfen lassen. Den Estragon waschen und trocken schütteln, die Blätter abzupfen, grob hacken und untermischen.

3 Für die Crostini die Walnüsse nicht zu fein hacken. Die Petersilie waschen und trocken schütteln, die Blätter fein schneiden. Beides mit Butter und Parmesan verrühren und mit Salz und frisch gemahlenem Pfeffer würzen.

4 Den Backofen auf 180° (Umluft 160°) vorheizen. Unterdessen das Baguette in 12 Scheiben schneiden und mit der Walnussmasse bestreichen. Die Crostini nebeneinander auf ein Backblech legen und in 6–8 Min. im heißen Backofen (oben) knusprig backen.

5 Inzwischen für den Salat in einer großen Pfanne 4 EL Öl erhitzen. Die Pilze und den Knoblauch darin bei starker Hitze 3–4 Min. scharf anbraten, regelmäßig wenden. Mit Salz und Pfeffer würzen.

6 Den Salat gleich im Sieb mit ein wenig Salz und Pfeffer bestreuen. Essig und das übrige Öl dazugeben, durchmischen und den Salat auf vier Teller verteilen. Die warmen Pilze daraufgeben und die Crostini dazu anrichten. Dazu schmeckt ein kräftiger Weißwein.

Blattsalat mit Jakobsmuscheln

Edles für Meeresfrüchtefans | *Zubereitung: ca. 25 Min.* | *Pro Portion: ca. 265 kcal*

Für 4 Personen

Für den Salat:

150 g gemischter Schnittsalat (s. Clever einkaufen)
2 Strauchtomaten
3 EL Weißweinessig
Salz | Pfeffer
Zucker
6 EL Olivenöl

Für die Jakobsmuscheln:

12 küchenfertig ausgelöste Jakobsmuscheln (s. Clever einkaufen)
1 EL helle Sesamsamen
1 EL neutrales Pflanzenöl
1 EL Butter
Salz | Pfeffer

1 Für den Salat den Schnittsalat verlesen, waschen und in einem Sieb gut abtropfen lassen. Die Tomaten waschen, quer halbieren und die Stielansätze und Kerne entfernen. Die Tomatenhälften fein würfeln.

2 Den Essig mit je 1 kräftigen Prise Salz und Pfeffer sowie 1 kleinen Prise Zucker verrühren und das Öl unterschlagen. Die Tomatenwürfelchen untermischen, anschließend das Dressing beiseitestellen.

3 Für die Jakobsmuscheln die Muscheln waschen, trocken tupfen und nebeneinander auf die Arbeitfläche legen. Die Sesamsamen aufstreuen. Den Salat auf vier Tellern anrichten und das Tomatendressing darüber verteilen.

4 Öl und Butter zusammen in einer Pfanne erwärmen. Die Muscheln mit der Sesamseite nach unten hineinlegen und 1–2 Min. bei mittlerer Hitze anbraten. Die Muscheln wenden und auf der anderen Seite in 1–2 Min. fertig braten. Leicht salzen und pfeffern und je 3 Muscheln auf eine Salatportion setzen. Salat mit knusprigem Weißbrot servieren. Dazu passt ein fruchtiger Weißwein.

Clever einkaufen

Die **Jakobsmuscheln** müssen superfrisch sein, Sie sollten sie deshalb nur bei einem vertrauenswürdigen Fischhändler kaufen. Für den Salat brauchen Sie das ausgelöste weiße Muschelfleisch (ohne den orangefarbenen Rogen, auch Corail genannt). Den **gemischten Schnittsalat** bieten viele Gemüsehändler an, Sie müssen ihn nicht putzen, sondern nur verlesen und waschen. Wenn Sie ihn nicht bekommen, verwenden Sie **1 Kopf Novita** oder **Lollo bianco** und mischen selbst ein wenig **klein gezupften Rucola** und **Radicchio** unter.

Spinatsalat
mit Ziegenkäse-Crostini

würzig | *Zubereitung: ca. 25 Min.* | *Pro Portion: ca. 425 kcal*

Für 4 Personen

Für den Spinatsalat:

2 EL Pinienkerne
250 g Babyspinat
150 g Kirschtomaten
1/2 Salatgurke
3 EL Weißweinessig
Salz | Pfeffer
Zucker
1 TL Dijonsenf
6 EL Olivenöl

Für die Crostini:

150 g Ziegenweichkäse (s. Clever einkaufen)
4 getrocknete, in Öl eingelegte Tomaten
2–3 Zweige Thymian (oder 1/3 TL getrockneter Thymian)
1 EL Pinienkerne
Salz | Pfeffer
150 g Baguette (ergibt 12 Scheiben)

Clever einkaufen

Nehmen Sie für die Crostini keinen Ziegenfrischkäse, sondern **Ziegenweichkäse** (z. B. Saintemaure). Er schmilzt schön und hat ein kräftig-rundes Aroma.

1 Für den Salat die Pinienkerne in einem Pfännchen ohne Fett goldbraun rösten und abkühlen lassen. Den Spinat verlesen, waschen und in einem Sieb abtropfen lassen. Tomaten waschen und vierteln. Die Salatgurke schälen, längs halbieren, die Kerne herauskratzen und die Gurkenhälften quer in Halbmonde schneiden.

2 Für die Crostini den Käse klein würfeln. Die Tomaten abtropfen lassen und fein schneiden. Den Thymian waschen und trocken schütteln, die Blättchen fein hacken. Käse, Tomaten, (ungeröstete) Pinienkerne und Thymian vermengen und mit Salz und Pfeffer abschmecken.

3 Den Backofen auf 200° (Umluft 180°) vorheizen. Das Baguette in 12 Scheiben schneiden und diese mit der Käsemischung bestreichen. Die Crostini nebeneinander auf ein Backblech legen und in 5–6 Min. im heißen Ofen (oben) goldbraun und knusprig backen.

4 Inzwischen den Spinat auf vier Tellern anrichten und die Kirschtomaten und die Gurke darauf verteilen. Den Essig mit je 1 kräftigen Prise Salz und Pfeffer, 1 kleinen Prise Zucker, dem Senf und dem Öl in ein Schraubglas geben und kräftig durchschütteln, bis sich alle Zutaten verbunden haben. Die Vinaigrette mit einem Esslöffel über die Salate verteilen und die Pinienkerne darüberstreuen.

5 Die Crostini aus dem Ofen nehmen, je 3 davon auf den Tellerrand setzen und die Salate sofort servieren. Dazu passt ein leichter Rotwein.

DER HAUPTGANG – DAS KULINARISCHE LEITMOTIV

Möchten Sie Fisch oder Fleisch servieren? Oder doch lieber etwas Vegetarisches? Soll es klassisch oder mediterran, orientalisch oder asiatisch inspiriert sein? Unter der breiten Auswahl an leckeren Hauptgerichten in diesem Kapitel finden Sie garantiert das Passende für zwei, vier oder sechs Feinschmecker.

Spargel
mit Vanillebutter

raffiniertes Aroma | *Zubereitung: ca. 30 Min.* | *Pro Portion: ca. 485 kcal*

Für 2 Personen

1 kg weißer Spargel
Salz | 1 TL Zucker
80 g Butter
400 g Drillinge
(kleine Kartoffeln)
1 Vanilleschote

1 Den Spargel schälen und die holzigen Enden abschneiden. In einen Topf, in dem die Stangen liegend Platz haben, 5 cm hoch Wasser einfüllen, dieses aufkochen und je 1 TL Salz, Zucker und Butter dazugeben. Den Spargel einlegen und in 15–18 Min. weich kochen.

2 Inzwischen die Kartoffeln waschen, in einem kleinen Topf mit Wasser bedecken und in 12–15 Min. weich kochen.

3 Zum Ende der Kochzeit die übrige Butter in einem Töpfchen schmelzen. Die Vanilleschote längs aufschneiden, das Mark mit dem Messerrücken herauskratzen und mit 1 kleinen Prise Salz zur Butter geben.

4 Spargel und Kartoffeln (mit der Schale) auf zwei Teller verteilen und die Vanillebutter über den Spargel träufeln.

Variante mit Ei und Sesamkartoffeln

Für 2 Personen | Den Backofen auf 200° (Umluft 180°) vorheizen, ein Blech mit Backpapier belegen und dieses mit 2 EL **neutralem Öl** besprenkeln. **6–7 kleine neue Kartoffeln** (ca. 400 g) waschen, halbieren, mit den Schnittflächen in 2 EL **helle Sesamsamen** tauchen und mit den Schnittflächen nach unten aufs Blech geben. Im Ofen (Mitte) in ca. 25 Min. garen. Inzwischen den **Spargel** wie beschrieben zubereiten. Gleichzeitig **4 Eier** in 5–7 Min. wachsweich kochen. Die Eier kalt abschrecken, pellen und halbieren. Die Sesamkartoffeln mit **Salz** würzen und mit dem Spargel und den Eiern servieren.

Clever Zeit sparen

Auf Märkten bieten manche Gemüsehändler bereits **frisch geschälten Spargel** an. Wer ungeübt ist und das Rezept für mehr als 2 Personen zubereiten möchte, kann diesen Service nutzen. Den Spargel bis zum Gebrauch in ein feuchtes Küchentuch wickeln (dabei die Spitzen frei lassen!) und im Gemüsefach des Kühlschranks aufbewahren.

Kartoffel-Pfifferling-Gulasch

Wiener Spezialität | *Zubereitung: ca. 30 Min.* | *Pro Portion: ca. 255 kcal*

Für 4 Personen

800 g festkochende Kartoffeln
2 Zwiebeln
2 Knoblauchzehen
3 EL Butterschmalz
1 EL edelsüßes Paprikapulver
3 EL Tomatenmark
1/2 l Instant-Gemüsebrühe
Salz | Pfeffer
1 TL getrockneter Majoran
500 g Pfifferlinge
(s. Clever vorbereiten)
4 EL Schmand
2 EL gehackte Petersilie
(nach Belieben)

1 Die Kartoffeln schälen und in 2 cm große Würfel schneiden. Zwiebeln und Knoblauch schälen und fein hacken.

2 In einem Schmortopf 2 EL Butterschmalz erhitzen. Zwiebeln und Knoblauch darin ca. 2 Min. bei mittlerer Hitze anbraten. Paprikapulver und Tomatenmark dazugeben und kurz mitbraten. Mit der Gemüsebrühe ablöschen und aufkochen lassen. Die Kartoffeln dazugeben, das Gulasch mit Salz, Pfeffer und Majoran würzen und zugedeckt bei mittlerer Hitze ca. 10 Min. garen.

3 Inzwischen die Pfifferlinge putzen und trocken abreiben, große Exemplare halbieren oder vierteln, kleine ganz lassen. Das übrige Butterschmalz in einer Pfanne erhitzen, die Pilze darin bei starker Hitze 2 Min. braten, salzen und pfeffern.

4 Die Pfifferlinge zum Kartoffelgulasch geben. Den Schmand und nach Belieben die Petersilie unterrühren und 2–3 Min. mitschmoren. Dazu schmeckt ein kühles Bier.

Clever vorbereiten

Wenn es sich vermeiden lässt, sollten Sie die **Pfifferlinge** nicht waschen, sondern mit einem weichen Tuch oder einem Pinsel säubern. Sitzt zu viel Erde in den Lamellen, so geben Sie ein wenig Mehl in kaltes Wasser, waschen Sie die Pfifferlinge schnell (!) darin durch und legen Sie sie zum Abtropfen auf Küchenpapier.

Auberginen-Curry

indisch inspiriert | *Zubereitung: ca. 25 Min.* | *Pro Portion: ca. 210 kcal*

Für 2 Personen

1 große Aubergine (ca. 400 g)
Salz | 1 Zwiebel
2 Knoblauchzehen
1 Stück frischer Ingwer (ca. 3 cm)
2 Tomaten
2 EL Butterschmalz
1 EL Currypulver
200 g Joghurt (3,5 % Fett)
1/2 Bund Petersilie

1 Die Aubergine waschen, in ca. 2 cm große Würfel schneiden, mit Salz bestreuen und ca. 10 Min. Wasser ziehen lassen.

2 Inzwischen die Zwiebel, den Knoblauch und den Ingwer schälen und fein hacken. Die Tomaten waschen und ohne Stielansätze klein schneiden. Die Auberginenwürfel ausdrücken und mit Küchenpapier trocken tupfen.

3 Das Butterschmalz in einer Pfanne (oder einem Wok) erhitzen. Zwiebel, Knoblauch, Ingwer und Currypulver darin 1 Min. bei mittlerer Hitze anbraten. Aubergine dazugeben und 2–3 Min. unter Rühren braten. 2 EL vom Joghurt für die Garnitur zurückbehalten, den Rest mit den Tomaten unter das Curry mischen und dieses zugedeckt ca. 10 Min. schmoren lassen, gelegentlich umrühren.

4 Die Petersilie waschen und trocken schütteln, die Blätter fein schneiden. Das Curry mit Salz abschmecken, die Petersilie unterziehen, dann auf zwei Teller verteilen, mit dem übrigen Joghurt garnieren und mit Fladenbrot servieren.

Gemüse-Couscous mit Minzjoghurt

orientalisch gewürzt | *Zubereitung: ca. 30 Min.* | *Pro Portion: ca. 395 kcal*

Für 4 Personen

2–3 Möhren
2 Zucchini
1 Bund Frühlingszwiebeln
1 kleine Dose Kichererbsen (240 g Abtropfgewicht)
3 EL Olivenöl
1/2 l Instant-Gemüsebrühe
je 1 TL gemahlener Kreuzkümmel und Koriander
1/2–1 TL Harissa (Chilipaste)
250 g Instant-Couscous
200 g Joghurt (3,5 % Fett)
Salz
4–5 Stängel frische Minze

1 Die Möhren schälen und in dünne Scheiben hobeln. Die Zucchini waschen, putzen und klein würfeln. Die Frühlingszwiebeln putzen, waschen, putzen und die weißen und grünen Teile getrennt in feine Ringe schneiden. Die Kichererbsen abgießen, kalt abbrausen und abtropfen lassen.

2 In einer großen Pfanne (oder in einem Wok) 2 EL Öl erhitzen. Zucchini, Möhren und weiße Frühlingszwiebelteile darin 3 Min. unter Rühren anbraten. Die Kichererbsen dazugeben und 2 Min. mitbraten. Gemüsebrühe, Kreuzkümmel, Koriander und Harissa dazugeben und aufkochen lassen. Den Couscous einrieseln lassen und unterrühren. Die Pfanne vom Herd nehmen und den Couscous nach Packungsangabe 5–7 Min. zugedeckt quellen lassen.

3 Joghurt mit übrigem Öl und 1 Prise Salz verrühren. Die Minze waschen, die Blätter fein hacken und unterrühren. Das Frühlingszwiebelgrün unter den Couscous mischen, diesen mit Salz würzen und mit dem Minzjoghurt servieren.

Spaghettini al pesto
mit grünem Spargel

kräuterwürzig | *Zubereitung: ca. 25 Min.* | *Pro Portion: ca. 565 kcal*

Für 4 Personen

200 g Thai-Spargel
1 mehligkochende Kartoffel (ca. 150 g)
Salz | 400 g Spaghettini
1 großes Bund Basilikum
1 Knoblauchzehe
40 g Pinienkerne
4 EL Olivenöl
3 EL frisch geriebener Parmesan
Pfeffer
1–2 TL Zitronensaft

Außerdem:

frisch geriebener Parmesan zum Bestreuen

1 Den Spargel waschen, zu einem Bündel legen und mit einem Schnitt die Enden entfernen. Mit zwei weiteren Schnitten die Stangen dritteln. Die Kartoffel schälen und in 1/2 cm große Würfel schneiden.

2 In einem großen Topf 4 l Wasser aufkochen und kräftig salzen. Die Kartoffelwürfelchen hineingeben und 2 Min. kochen lassen. Dann den Spargel und, wenn das Wasser wieder kocht, die Nudeln dazugeben und nach Packungsangabe in ca. 6 Min. bissfest garen.

3 Inzwischen das Basilikum waschen und trocken schütteln, die Blätter abzupfen. Den Knoblauch schälen und etwas zerkleinern. Beides mit den Pinienkernen und dem Olivenöl im Mixer (oder in einem hohen Mixbecher mit dem Stabmixer) mittelfein pürieren. Den Parmesan unterrühren und das Pesto mit Salz, Pfeffer und Zitronensaft abschmecken.

4 Eine Schüssel heiß ausspülen und das Pesto hineingeben. Die Nudeln samt Spargel und Kartoffel in ein Sieb abgießen und sofort tropfnass zum Pesto geben. Alles gut durchmischen und gleich servieren. Dazu weiteren geriebenen Parmesan reichen und die Pfeffermühle bereitstellen, mit der sich jeder seine Portion nachwürzen kann.

Clever variieren

Für noch mehr Aroma können Sie die **Pinienkerne** vorher bei schwacher Hitze in einer Pfanne ohne Fett rösten. Doch Vorsicht, sie verbrennen schnell! Wer mag, nimmt 20 g mehr und streut diese nach dem Rösten über das fertige Gericht.

Cleverer Vorrat

Das **Pesto** können Sie gut vorbereiten, in ein sauberes Schraubglas füllen und mit einer aromaschützenden Olivenölschicht bedeckt gut 10 Tage im Kühlschrank aufbewahren.

Tomaten-Pasta

raffiniert | *Zubereitung: ca. 30 Min.* | *Pro Portion: ca. 540 kcal*

Für 4 Personen

250 g Kirschtomaten
1/2 Bund Thymian
1 Bio-Orange
8 getrocknete, in Öl eingelegte Tomaten
2 rote Zwiebeln
Salz | 400 g Penne
4 EL Olivenöl
1/2 TL Zucker
1 EL Tomatenmark
2 EL Pinienkerne
Pfeffer

1 Kirschtomaten waschen. Thymian waschen, die Blättchen abstreifen. Orange heiß waschen und abtrocknen, die Schale mit einem Zestenreißer in feinen Streifen abziehen. Getrocknete Tomaten abtropfen lassen und fein schneiden. Zwiebeln schälen, längs halbieren und in feine Spalten schneiden.

2 In einem Topf reichlich Wasser aufkochen, salzen und die Nudeln darin nach Packungsangabe in ca. 10 Min. bissfest garen. Gleichzeitig in einer Pfanne 2 EL Öl erhitzen. Die Kirschtomaten hineingeben, 1/4 TL Salz und den Zucker darüberstreuen. 2–3 Min. bei mittlerer Hitze karamellisieren lassen, die Pfanne dabei gelegentlich rütteln. Thymian und Orangenschale hinzufügen, 1 Min. mitbraten. Beiseitestellen.

3 Das übrige Öl in einer zweiten Pfanne erhitzen. Zwiebeln, getrocknete Tomaten, Tomatenmark und Pinienkerne darin 1 Min. anbraten. Mit 6 EL Nudelkochwasser ablöschen, kurz einkochen lassen. Nudeln abgießen, kurz abtropfen lassen. In einer vorgewärmten Schüssel mit der Zwiebelmischung und den Kirschtomaten vermengen, salzen und pfeffern.

Pasta mit Kräuterseitlingen

sehr aromatisch | *Zubereitung: ca. 20 Min.* | *Pro Portion: ca. 580 kcal*

Für 2 Personen

200 g Kräuterseitlinge (s. Clever einkaufen)
je 3 Stängel Basilikum und Petersilie
6 Walnusshälften
Salz | 200 g grüne Tagliatelle
2 EL Olivenöl | Pfeffer
2 EL Kräuter-Crème-fraîche

Clever einkaufen

Kräuterseitlinge bekommen Sie auf dem Markt oder in Bioläden. Wundern Sie sich nicht, wenn sie beim Braten fast schwarz werden, das tut dem feinen Aroma keinen Abbruch. Ersatzweise können Sie **Austernpilze** verwenden.

1 Die Pilze trocken abreiben und längs in Scheiben schneiden. Die Kräuter waschen und trocken schütteln, die Blätter abzupfen und grob schneiden. Die Walnüsse grob hacken.

2 In einem Topf reichlich Wasser aufkochen, salzen, die Nudeln darin nach Packungsangabe in 5–6 Min. bissfest garen.

3 Gleichzeitig das Öl in einer großen Pfanne, in der später auch die Nudeln Platz haben, erhitzen. Pilze darin bei mittlerer Hitze 2–3 Min. braten, salzen, pfeffern und die Crème fraîche unterrühren.

4 Nudeln in ein Sieb abgießen, kurz abtropfen lassen, zu den Pilzen in die Pfanne geben. Die Kräuter hinzufügen und alles gut durchmischen. Pasta mit Pfeffer würzen, auf zwei vorgewärmte Teller verteilen und die Walnüsse aufstreuen.

Zitronennudeln
mit Rotbarbenfilets

zart und edel | *Zubereitung: ca. 20 Min.* | *Pro Portion: ca. 700 kcal*

Für 2 Personen

6–8 küchenfertige Rotbarbenfilets (ca. 200 g)
1 Bio-Zitrone
Salz | Zucker
Pfeffer | 6 EL Olivenöl
je 3 Stängel Minze und Zitronenmelisse
1 Knoblauchzehe
250 g frische Bandnudeln (aus der Kühltheke)

1 Rotbarbenfilets kalt abwaschen und abtrocknen. Mit den Fingerspitzen über die Innenseiten streichen und spürbare Gräten mit einer Pinzette entfernen.

2 Die Zitrone heiß abwaschen und abtrocknen, die Schale abreiben und den Saft auspressen. Zitronensaft und -schale in einer vorgewärmten Schüssel mit 1 kräftigen Prise Salz, 1 kleinen Prise Zucker und reichlich frischem Pfeffer aus der Mühle verrühren. 4 EL Olivenöl unterschlagen, bis eine cremige Emulsion entsteht. Minze und Zitronenmelisse waschen und trocken schütteln, Blätter fein schneiden. Knoblauch schälen und fein hacken.

3 In einem großen Topf Wasser aufkochen, salzen und die Nudeln darin nach Packungsangabe in ca. 4 Min. bissfest garen. In ein Sieb abgießen, kurz abtropfen lassen und mit der Zitronensauce mischen.

4 Übriges Öl in einer Pfanne erhitzen. Rotbarbenfilets salzen und darin auf der Hautseite 1 Min. bei mittlerer Hitze anbraten. Knoblauch und Kräuter dazugeben, die Fischfilets wenden und die Pfanne nach 30 Sek. vom Herd nehmen.

5 Die Filets vorsichtig unter die Nudeln mischen und die Pasta auf zwei vorgewärmte Teller verteilen. Oder die Filets im Ganzen auf den Nudeln anrichten.

Clever variieren

Für **Orangennudeln mit Schwertfisch** (für 2 Personen) ersetzen Sie die Zitrone durch 1 Bio-Orange. 200 g Schwertfischfilet klein würfeln und mit der Orangenschale, dem gehackten Knoblauch und 1 EL Thymianblättchen mischen. Wenn die Nudeln kochen, 3 EL Olivenöl in einer großen Pfanne, in der auch die Nudeln Platz haben, erhitzen. Die Fischwürfel darin bei mittlerer Hitze 2–3 Min. unter Rühren braten. Mit dem Orangensaft ablöschen, etwas einkochen lassen, salzen und pfeffern. Abgetropfte Nudeln untermischen, alles 2 Min. zugedeckt durchziehen lassen, dann servieren.

Safranrisotto
mit Garnelen

luxuriöser Genuss | *Zubereitung: ca. 30 Min.* | *Pro Portion: ca. 610 kcal*

Für 2 Personen

1/2 l Instant-Gemüsebrühe
1 kleine Zwiebel
1 Knoblauchzehe
2 EL Olivenöl
200 g Risottoreis (z. B. Arborio oder Vialone)
100 ml trockener Weißwein (ersatzweise Gemüsebrühe)
1 Döschen Safranfäden (0,1 g)
6 küchenfertige, geschälte Riesengarnelen (ca. 200 g)
2 EL Butter
Salz | Pfeffer

1 Die Gemüsebrühe erhitzen. Die Zwiebel und den Knoblauch schälen und fein hacken. In einem Topf das Öl erhitzen, Zwiebel und Knoblauch darin 1 Min. glasig anbraten. Den Reis hinzufügen und 1 Min. unter Rühren mitbraten, bis alle Reiskörner mit einer feinen Ölschicht überzogen sind. Mit dem Wein ablöschen und diesen offen bei mittlerer Hitze vollständig einkochen lassen. Von nun an immer, wenn der Reis die Flüssigkeit aufgesogen hat, eine Kelle heiße Brühe dazugeben und regelmäßig umrühren.

2 Nach ca. 10 Min. den Safran in einer Tasse mit heißer Brühe auflösen und zum Risotto geben. Die Garnelen waschen, abtrocknen, längs halbieren und den schwarzen Darm entfernen. Die Hälfte der Butter in einer Pfanne schmelzen und die Garnelen darin bei mittlerer Hitze 2–3 Min. braten (die Butter soll nicht braun werden). Die Garnelen leicht salzen, beiseitestellen und warm halten.

3 Nach insgesamt 20 Min. Garzeit den Risotto probieren: Die Reiskörner sollten noch einen winzigen Kern an »Biss« haben, dürfen aber nicht hart sein. Wenn der Reis fertig ist, noch 1/4 Kelle Brühe und die übrige Butter unterrühren. Den Risotto mit Salz und Pfeffer abschmecken, in zwei tiefe Teller verteilen und mit den Garnelen bekrönen.

Clever variieren

Für eine **vegetarische Variante** (für 2 Personen) statt der Garnelen 1 Kugel Mozzarella (125 g) abtropfen lassen und klein würfeln. Wenn der Reis fertig ist, die Käsewürfel mit 1/2 Kelle Brühe, 2 EL Butter und 2 EL frisch geriebenem Parmesan unter den Risotto rühren und zugedeckt 3 Min. ziehen lassen. Risotto mit Salz und Pfeffer abschmecken, in zwei tiefe Teller verteilen und mit weiterem Parmesan zum Bestreuen servieren.

Lachs mit Limetten-Chili-Butter

mit feiner Schärfe | *Zubereitung: ca. 25 Min.* | *Pro Portion. ca. 530 kcal*

Für 4 Personen

4 Stücke Lachsfilet
(je ca. 150 g, ohne Haut)
Salz | Pfeffer
1 EL neutrales Pflanzenöl
2 Bio-Limetten
1 gelbe Paprikaschote
1 große rote Chilischote
1 Knoblauchzehe
1/2 Bund Petersilie
100 g Butter
Zucker

Außerdem:

1 Auflaufform (ca. 24 x 30 cm)

1 Den Backofen samt der Form auf 120° vorheizen. Die Lachsfilets kalt abspülen, trocken tupfen, salzen und pfeffern. Eine Grillpfanne erhitzen, die Stege mit dem Öl einpinseln und die Lachsfilets darin von jeder Seite ca. 1 Min. anbraten. Dann in die Form im Ofen legen und 10 Min. garen.

2 Inzwischen die Limetten heiß abwaschen, abtrocknen und in dünne Scheiben schneiden. Die Paprikaschote putzen, waschen und in millimeterfeine Würfelchen schneiden. Die Chilischote waschen, abtrocknen und mit den Kernen in feine Ringe schneiden. Den Knoblauch schälen und fein hacken. Die Petersilie waschen und trocken schütteln, die Blätter abzupfen und fein schneiden.

3 Die Butter in einer Pfanne aufschäumen, aber nicht braun werden lassen. Limettenscheiben, Paprikawürfelchen, Chiliringe, Knoblauch und Petersilie darin 1 Min. andünsten, mit Salz und 1 kleinen Prise Zucker würzen. Über die Lachsfilets verteilen und diese in weiteren 5 Min. fertig garen. Mit knusprigem Baguette servieren.

Seeteufel mit Kapern-Senf-Sauce

grätenfrei und festfleischig | *Zubereitung: ca. 20 Min.* | *Pro Portion: ca. 525 kcal*

Für 2 Personen

350 g Seeteufelfilet
1 Schalotte
2 EL Butter | Salz
4 EL trockener Weißwein
(ersatzweise Wasser)
150 g Crème fraîche
1 EL Dijonsenf
1 EL kleine Kapern
(aus dem Glas)
weißer Pfeffer
1–2 TL Zitronensaft

1 Den Seeteufel in sechs oder acht Medaillons schneiden. Die Schalotte schälen und sehr fein hacken. Die Butter in einer Pfanne schmelzen und die Seeteufelmedaillons darin bei mittlerer Hitze von jeder Seite 2 Min. anbraten. Leicht salzen, herausnehmen und zugedeckt warm halten.

2 Die Schalottenwürfelchen im Bratensatz andünsten, mit dem Weißwein ablöschen. Crème fraîche, Senf und Kapern einrühren und einmal aufkochen lassen. Sauce mit Salz, weißem Pfeffer und Zitronensaft abschmecken. Die Seeteufelmedaillons in die Sauce legen und darin bei schwacher Hitze zugedeckt 3–4 Min. ziehen lassen. Auf zwei vorgewärmten Tellern anrichten.

Clever servieren

Sie können **Dillreis** dazu reichen: Während Sie den Fisch zubereiten, 1 Kochbeutel 10-Minuten-Langkornreis (125 g) nach Packungsangabe kochen. Dann abtropfen lassen, aus dem Kochbeutel nehmen und mit 1 TL Butter und 1 EL fein gehackten Dillspitzen mischen.

Zanderfilet
auf Fenchel-Tomaten-Reis

ganz einfach | *Zubereitung: ca. 25 Min.* | *Pro Portion: ca. 625 kcal*

Für 2 Personen

1 TL gekörnte Gemüsebrühe
Salz
1 Kochbeutel 10-Minuten-Langkornreis (125 g)
1 Fenchelknolle (ca. 200 g)
2 Strauchtomaten
2 Zanderfilets mit Haut (je ca. 180 g)
4 EL neutrales Pflanzenöl
1 EL Butter
1 EL Mehl

Clever garnieren mit Zitronenbutter

Bevor Sie mit den übrigen Vorbereitungen beginnen, vermengen Sie **40 g weiche Butter** mit **1/2 TL abgeriebener Bio-Zitronenschale, 1 TL gehacktem Fenchelgrün** und **1 Prise Salz.** Die Mischung auf ein Stück Folie geben, daraus eine Minirolle formen, aus der sich später vier Scheiben schneiden lassen. Diese im Kühlschrank schnittfest werden lassen. Vor dem Servieren aufschneiden und den Zander damit garnieren.

1 In einem kleinen Topf 1 l Wasser aufkochen, die Gemüsebrühe und 1 Prise Salz hinzufügen und den Reis darin nach Packungsangabe 10 Min. garen.

2 Inzwischen den Fenchel waschen, putzen (das Fenchelgrün beiseitelegen), längs halbieren, den Strunk entfernen und die Hälften in dünne Spalten schneiden. Die Tomaten waschen, quer halbieren und die Stielansätze und Kerne entfernen. Die Tomatenhälften fein würfeln. Die Fischfilets kalt abwaschen, mit Küchenpapier trocken tupfen und quer halbieren. Den Reis aus dem Topf nehmen, ausdampfen lassen und den Kochbeutel aufschneiden.

3 In einer Pfanne 2 EL Öl erhitzen. Den Fenchel darin 2 Min. unter Rühren anbraten. Mit 4 EL Wasser ablöschen und zugedeckt bei mittlerer Hitze 4–5 Min. dünsten, bis der Fenchel knapp weich ist. Die Tomatenwürfelchen und die Butter unter den Fenchel rühren und 2 Min. weitergaren. Das Fenchelgrün hacken, mit dem Reis unter das Gemüse mischen und den Fenchel-Tomaten-Reis mit Salz abschmecken. Zugedeckt warm halten.

4 In einer zweiten Pfanne das übrige Öl erhitzen. Die Fischstücke salzen und auf der Hautseite bemehlen. Mit der Hautseite in die Pfanne legen und 2 Min. bei mittlerer Hitze anbraten. Filets wenden, 1 Min. weiterbraten, die Pfanne vom Herd nehmen.

5 Den Fenchel-Tomaten-Reis auf zwei vorgewärmte Teller geben und die Zanderstücke mit der knusprigen Hautseite nach oben daraufsetzen.

Doraden vom Blech

gelingt ganz leicht und macht was her | *Zubereitung: ca. 20 Min.* | *Garen: ca. 25 Min.* | *Pro Portion: ca. 400 kcal*

Für 4 Personen

6 EL Olivenöl | 4 Strauchtomaten | je 1 Bund Petersilie und Dill | 4 küchenfertige kleine Doraden (je ca. 300 g) | Salz | Pfeffer 150 g grüne Oliven | 2 EL kleine Kapern (aus dem Glas) | 200 ml trockener Weißwein (ersatzweise Instant-Gemüsebrühe)

1 Backofen auf 180° vorheizen. Ein tiefes Backblech mit 2 EL Öl besprenkeln. Tomaten waschen, quer halbieren, Kerne und Stielansätze entfernen und die Tomatenhälften würfeln. Die Kräuter waschen und trocken schütteln, die Blätter bzw. Spitzen hacken.

2 Die Doraden innen und außen waschen, abtrocknen, salzen und pfeffern. Jeweils ein wenig Olivenöl in den Fischbauch träufeln und ein wenig Petersilie und Dill hineingeben. Die Doraden aufs Blech geben. Tomaten, Oliven, Kapern und die übrigen Kräuter darüber und darum herum verteilen. Wein angießen und das übrige Öl darüberträufeln.

3 Das Blech in den Ofen schieben (Mitte, Umluft 160°) und die Doraden darin ca. 25 Min. garen. Um zu sehen, ob sie fertig sind, an einer Rückenflosse ziehen: Wenn sie leicht herausgeht, sind die Fische fertig. Die Doraden auf vier vorgewärmte Teller heben. Die Tomatenmischung mit Salz und Pfeffer abschmecken und dazugeben. Dazu schmeckt Baguette und ein kräftiger Weißwein.

Asia-Variante mit Zitronengras

Für 4 Personen | **4 vorbereitete Doraden** leicht **salzen** und jeweils mit **2–3 Bio-Limettenscheiben** füllen. Auf dem Blech mit **4 EL neutralem Pflanzenöl** besprenkeln und 150 ml Wasser angießen. Die Doraden im heißen Ofen ca. 25 Min. garen. Inzwischen **1 Stängel Zitronengras** von den äußeren harten Blättern befreien, das weiche untere Drittel fein schneiden. **2 Knoblauchzehen** schälen und hacken. **2–3 kleine grüne Chilischoten** (wenn Sie es scharf mögen, sonst 1 große grüne Chilischote) waschen, putzen und klein schneiden. Alles im Mörser mit **1 TL Zucker** fein zerstampfen. Dann **5 EL Limettensaft** und **3 EL Fischsauce** (aus dem Asienladen, wo Sie auch das Zitronengras bekommen) hinzufügen. **1/2 Bund Koriandergrün** waschen und trocken schütteln, die Blätter und zarten Stiele fein schneiden und unterrühren. Die Doraden auf vier Teller geben, die Haut von der Oberfläche abziehen und die Sauce über die Fischfilets träufeln. Dazu schmeckt Reis und Gurkensalat.

Clever vorbereiten

Falls die **Doraden** nicht oder schlecht geschuppt sind, halten Sie sie am Schwanz fest und kratzen Sie die Schuppen mit einem Messer in Richtung Kopf ab. Dann die Fische kalt abspülen und wie im Rezept beschrieben weiterverarbeiten.

Kalbsgeschnetzeltes mit Pilzen

heiß geliebter Klassiker
Zubereitung: ca. 30 Min. | Pro Portion: ca. 515 kcal

Für 4 Personen

800 g mehligkochende Kartoffeln | Salz
600 g Kalbsschnitzel (vom Metzger schnetzeln lassen) | 2 Schalotten | 400 g Champignons
2 EL neutrales Pflanzenöl | Pfeffer
1 EL Butterschmalz | 100 ml Weißwein (ersatzweise Kalbsfond, aus dem Glas)
150 g Crème fraîche | 1 TL Mehl
1 Bund Petersilie | 1 EL Butter

1 Kartoffeln schälen, 2 cm groß würfeln, in einem Topf mit Wasser bedecken und kräftig salzen. Das Wasser aufkochen und die Kartoffeln darin in 10–12 Min. weich kochen.

2 Inzwischen das Fleisch mit Küchenpapier trocken tupfen. Die Schalotten schälen und fein hacken. Die Pilze putzen, mit Küchenpapier abreiben und in Scheiben schneiden. In einer großen Pfanne das Öl erhitzen und das Fleisch darin in zwei Portionen jeweils 2–3 Min. anbraten, salzen und pfeffern, dann aus der Pfanne nehmen.

3 Das Butterschmalz zum Bratensatz in die Pfanne geben. Schalotten und Pilze darin 3 Min. anbraten. Mit Wein ablöschen, 3 Min. einkochen lassen. Crème fraîche und Mehl verrühren, einrühren und die Sauce aufkochen lassen. Fleisch dazugeben und bei mittlerer Hitze 5 Min. zugedeckt köcheln lassen.

4 Die Petersilie waschen und trocken schütteln, die Blätter fein schneiden. Die Kartoffeln in ein Sieb abgießen, wieder in den Topf geben, die Hälfte der Petersilie und die Butter dazugeben. Den Deckel auflegen und den Topf kräftig rütteln, bis alle Kartoffelstückchen mit Petersilienbutter umhüllt sind. Die übrige Petersilie unter das Geschnetzelte rühren und dieses mit den Kartoffeln auf vier vorgewärmten Tellern anrichten.

Orientalische Variante mit Aprikosen

Für 4 Personen **| 8 getrocknete Aprikosen** in lauwarmem Wasser einweichen. **600 g geschnetzeltes Kalbfleisch** trocken tupfen. **1 Knoblauchzehe** schälen und fein hacken. **1 große rote Chilischote** waschen, entkernen und fein hacken. Das Fleisch mit Knoblauch und Chili vermengen. **1 Bund Frühlingszwiebeln** putzen, waschen und weiße und grüne Teile separat in feine Ringe schneiden. **2 Zucchini** (ca. 300 g) waschen, längs halbieren und ohne Stielansätze quer in Halbmonde schneiden. Die Aprikosen ausdrücken und in Streifen schneiden. **3 EL neutrales Pflanzenöl** erhitzen und das Fleisch darin in zwei Portionen jeweils 2–3 Min. anbraten, **salzen** und herausnehmen. Weiße Frühlingszwiebelteile und Aprikosen in den Bratfond geben und 1 Min. anbraten. Das Fleisch und die Zucchini dazugeben, mit **150 ml Instant-Gemüsebrühe** ablöschen und aufkochen lassen. Bei mittlerer Hitze ca. 5 Min. zugedeckt köcheln lassen. Frühlingszwiebelgrün untermischen und das Geschnetzelte mit Salz abschmecken. Dazu schmeckt Couscous.

Kürbiskernschnitzel
mit Feldsalat

Gruß aus Österreich | *Zubereitung: ca. 30 Min.* | *Pro Portion: ca. 685 kcal*

Für 2 Personen

Für die Schnitzel:

2 EL Kürbiskerne
4 EL Semmelbrösel
3 EL Mehl | 1 Ei | 1 EL Milch
2 dünne Kalbsschnitzel (je ca. 150 g)
Salz | Pfeffer
neutrales Pflanzenöl zum Ausbacken

Für den Salat:

100 g Feldsalat
2 EL Weißweinessig
Salz | Pfeffer | Zucker
je 2 EL neutrales Pflanzenöl und Kürbiskernöl
1 festkochende Kartoffel (ca. 120 g)
1 EL Butterschmalz

Clever zubereiten

Damit die **Schnitzelpanade** schön locker und wellig aufgeht, dürfen Sie sie nicht zu fest andrücken. Außerdem sollten Sie die Pfanne ab und an rütteln, sodass das Bratfett etwas über die Schnitzel schwappt. Keine Angst vor zu viel Fett: Das Küchenpapier nimmt den Überschuss wieder auf.

1 Für den Salat den Feldsalat putzen, waschen und abtropfen lassen. Den Essig mit je 1 kräftigen Prise Salz und Pfeffer, 1 Msp. Zucker und den beiden Ölsorten in ein Schraubglas geben und kräftig durchschütteln.

2 Für die Schnitzel die Kürbiskerne grob hacken und mit den Semmelbröseln auf einem Teller mischen. Das Mehl auf einen zweiten Teller geben. Das Ei in einem tiefen Teller mit der Milch verschlagen. Die Schnitzel mit der glatten Seite des Fleischklopfers flach klopfen, salzen und pfeffern. Nun im Mehl wenden und den Überschuss abklopfen. Die mehlierten Schnitzel durch das Ei ziehen und schließlich in der Kürbiskern-Brösel-Mischung wenden. Die Panade sanft andrücken.

3 Für den Salat die Kartoffel schälen und in knapp 1/2 cm große Würfelchen schneiden. Das Butterschmalz in einem Pfännchen erhitzen und die Kartoffelwürfelchen darin bei mittlerer Hitze 7–8 Min. braten, gelegentlich wenden.

4 Gleichzeitig in eine größere Pfanne 1 cm hoch Öl füllen und dieses erhitzen. Die Schnitzel darin bei mittlerer Hitze von jeder Seite in 2–3 Min. goldbraun braten, dann herausheben und auf Küchenpapier abtropfen lassen.

5 Auf zwei Tellern den Feldsalat jeweils auf einer Tellerhälfte anrichten. Die Salatsauce noch einmal aufschütteln und mit einem Esslöffel darüber verteilen. Die Kartoffelwürfelchen salzen und daraufstreuen. Die Schnitzel dazulegen.

Zwiebelrostbraten

mit Kartoffel-Petersilien-Püree

Klassiker | *Zubereitung: ca. 40 Min.* | *Pro Portion: ca. 640 kcal*

Für 2 Personen

Für das Püree:

400 g mehligkochende Kartoffeln
1 große Petersilienwurzel
Salz | 1/2 Bund Petersilie
40 g Butter
frisch geriebene Muskatnuss

Für die Rostbraten:

2 EL Butter | 2 EL Mehl
2 große Zwiebeln
2 Rinderlendensteaks (je ca. 150 g)
Salz | Pfeffer
1/4 l Rinderfond (aus dem Glas)

Außerdem:

neutrales Pflanzenöl zum Braten

1 Für das Püree die Kartoffeln und die Petersilienwurzel schälen und klein würfeln. Gemüsewürfel in einem Topf mit Salzwasser bedecken und in 12–15 Min. weich kochen.

2 Inzwischen die Butter für die Rostbraten mit 1 EL Mehl verkneten, kalt stellen. Zwiebeln schälen und in Ringe schneiden. In eine Pfanne 1 cm hoch Öl füllen, dieses erhitzen und die Zwiebeln darin in 3–4 Min. bei starker Hitze unter Wenden goldbraun frittieren. Auf Küchenpapier entfetten.

3 Das Öl bis auf einen dünnen Film abgießen. Die Steaks trocken tupfen und die Fettschicht am Rand mehrfach einschneiden. Das Fleisch salzen und pfeffern und auf einer Seite mit dem übrigen Mehl bestäuben. Die Pfanne wieder erhitzen, die Steaks mit der Mehlseite nach unten einlegen und beidseits je 2–3 Min. bei mittlerer Hitze anbraten. Den Fond angießen, aufkochen und das Fleisch 5 Min. zugedeckt bei schwacher Hitze ziehen lassen.

4 Die Petersilie für das Püree waschen, trocken schütteln und die Blätter fein schneiden. Die Butter in einem Pfännchen schmelzen, die Petersilie darin 1 Min. braten. Das Gemüsekochwasser abgießen, Kartoffeln und Petersilienwurzel mit dem Kartoffelstampfer nicht zu fein zerstampfen. Die Petersilienbutter unterrühren und das Püree mit Salz und etwas frisch geriebener Muskatnuss abschmecken.

5 Das Fleisch auf zwei vorgewärmte Teller geben, warm halten. Nach und nach so viel von der Mehlbutter in Flöckchen unter die Sauce rühren und bei starker Hitze einkochen lassen, bis die Sauce die gewünschte Bindung hat. Die Sauce mit Salz und Pfeffer abschmecken, Zwiebeln untermischen und sofort auf dem Fleisch verteilen. Das Püree dazu reichen.

Rinderfilet mit Wasabirahm

asiatisch scharf

Zubereitung: ca. 30 Min. | Pro Portion: ca. 655 kcal

Für 6 Personen

6 Rinderfiletsteaks (ca. 4 cm dick, je ca. 150 g)
3 EL neutrales Pflanzenöl
Salz | Pfeffer
3 Kochbeutel Langkorn-Wildreis-Mischung
1/4 l Kalbsfond (aus dem Glas)
300 g Crème fraîche | 1–3 EL Wasabipaste
1 Bund Schnittlauch
2–3 TL Limettensaft | Zucker

Außerdem:

1 ofenfeste Form (ca. 24 x 30 cm)

1 Den Backofen samt der Form auf 100° vorheizen. Die Steaks trocken tupfen. In einer großen Pfanne das Öl erhitzen, die Steaks darin von jeder Seite 2 Min. anbraten, salzen, pfeffern und nebeneinander für ca. 20 Min. in die Form im Ofen legen.

2 Inzwischen in einem Topf 3 l Wasser aufkochen, salzen und den Reis darin nach Packungsangabe ca. 20 Min. garen.

3 Die Pfanne wieder erhitzen, den Bratensatz mit dem Fond ablöschen und loskochen. Crème fraîche und Wasabipaste einrühren (mit 1 EL beginnend an die gewünschte Schärfe herantasten) und in 3–4 Min. bei mittlerer Hitze cremig einkochen lassen.

4 Den Schnittlauch waschen, trocken schütteln und in Röllchen schneiden. Die Sauce mit Salz, Limettensaft und 1 Prise Zucker abschmecken, den Schnittlauch unterziehen.

5 Die Steaks auf sechs vorgewärmte Teller geben und mit dem Wasabirahm überziehen. Den Reis aus dem Kochbeutel nehmen und neben dem Fleisch anrichten.

Clever ergänzen

Für einen **Gurkensalat** 2 Salatgurken schälen, in Scheiben hobeln, in einer Schüssel mit 2 TL Salz mischen und ca. 5 Min. Wasser ziehen lassen. Dann die Gurken ausdrücken, mit je 2 EL Weißweinessig und neutralem Pflanzenöl anmachen. Die Kresse von 1 Beet abschneiden, unter den Salat mischen und diesen in sechs Schälchen verteilen.

Milde Variante mit Morchelrahm

Für 6 Personen | **25 g getrocknete Morcheln** 10 Min. in lauwarmem Wasser einweichen, dann herausnehmen, in klarem Wasser noch einmal gut spülen, damit aller Sand aus den Lamellen gewaschen wird, und abtropfen lassen. Die **Steaks** wie beschrieben zubereiten. Die Pfanne mit dem Bratensatz wieder erhitzen, **1 EL Butter** hinzufügen und **3 gehackte Schalotten** darin 1 Min. unter Rühren andünsten. Mit **1/4 l Kalbsfond** (aus dem Glas) ablöschen, **300 g Crème fraîche** einrühren und ca. 5 Min. bei starker Hitze einkochen lassen. Die Morcheln hinzufügen und 5 Min. bei schwacher Hitze zugedeckt köcheln lassen. **1/2 Bund Petersilie** waschen und trocken schütteln, die Blätter fein schneiden und unter die Morchelrahmsauce rühren. Diese mit **Salz** und **Pfeffer** abschmecken. Dazu passen in Butter geschwenkte Spätzle (aus der Kühltheke).

Gegrillte Schweinekoteletts mit Blechkartoffeln

griechisch
Zubereitung: ca. 30 Min. | *Pro Portion: ca. 600 kcal*

Für 4 Personen

800 g kleine neue Kartoffeln | 8 EL Olivenöl
1 Bio-Zitrone | 3 Knoblauchzehen
2 TL getrockneter Oregano
4 Schweinekoteletts (je ca. 200 g)
Pfeffer | 1 Stück Salatgurke (ca. 10 cm)
250 g griechischer Joghurt (10 % Fett) | Salz

1 Den Backofen auf 220° vorheizen, ein Blech mit Backpapier belegen. Die Kartoffeln waschen, längs halbieren und auf dem Blech verteilen. 3 EL Öl darübersprenkeln und die Kartoffeln ca. 25 Min. im Ofen (Mitte, Umluft 200°) backen, gelegentlich wenden.

2 Inzwischen die Zitrone heiß abwaschen, abtrocknen und die Schale mit dem Zestenreißer in feinen Streifen abziehen. 2 Knoblauchzehen schälen und durchpressen. Zitronenschale und Knoblauch mit dem Oregano und 2 EL Öl verrühren. Die Koteletts kalt abwaschen, abtrocknen, pfeffern und mit dem Würzöl einreiben.

3 Das Gurkenstück waschen und grob raspeln. Den restlichen Knoblauch schälen und durchpressen. Beides mit 2 EL Olivenöl unter den Joghurt rühren und das Zaziki mit Salz und Pfeffer abschmecken.

4 Eine Grillpfanne erhitzen, die Stege mit 1 EL Öl einpinseln. Die Koteletts salzen und darin bei mittlerer Hitze von jeder Seite je ca. 4 Min. braten. Wenn die Kartoffeln dann noch nicht fertig sind, diese zusammenschieben und die Koteletts noch für die übrige Zeit mit auf das Blech im Backofen legen.

5 Die Kartoffeln salzen, mit den Koteletts auf vier Teller verteilen und jeweils mit einem Klecks Zaziki garnieren. Dazu passt Bier.

Orientalische Variante

Für 4 Personen | Auch wenn es in arabischen Ländern nicht gegessen wird, **Ras-el-Hanout** (s. S. 81, Clever würzen) schmeckt auch als Würzmischung für Schweinefleisch: **1 EL** davon mit **1 durchgepressten Knoblauchzehe** und **2 EL neutralem Pflanzenöl** verrühren und die **Koteletts** damit einreiben. Die **Kartoffeln** und Koteletts wie beschrieben zubereiten. Dazu verrühren Sie für einen Kreuzkümmel-Joghurt **250 g Joghurt** (3,5 % Fett) mit **1 EL Zitronensaft, 1 TL gemahlenem Kreuzkümmel** sowie **1 EL Olivenöl** und schmecken die Sauce mit **Salz** und **Cayennepfeffer** würzig ab.

Clever marinieren

Idealerweise lassen Sie die **marinierten Koteletts** vor dem Grillen 2 Std. durchziehen. Wenn es eilt, dürfen sie aber auch gleich in die Grillpfanne. Ganz wichtig: Geben Sie niemals Salz in die Marinade, es würde dem Fleisch Saft entziehen und es austrocknen.

Schweinefilet mit Salsa verde und Kirschtomatensalat

was der Kräutergarten hergibt | *Zubereitung: ca. 30 Min.* | *Garzeit: ca. 35 Min.* | *Pro Portion: ca. 515 kcal*

Für 4 Personen

Für das Schweinefilet:

600 g Schweinefilet (in 2 aus der Mitte geschnittenen Stücken)
Salz | Pfeffer
2 Knoblauchzehen
2 Zweige Rosmarin
2 EL Olivenöl

Für die Salsa verde:

2 große Bund gemischte Kräuter (z. B. Basilikum, Petersilie, Kerbel, Thymian)
2–3 Frühlingszwiebeln
1 Knoblauchzehe
4 EL Weißweinessig
1 1/2 TL Dijonsenf
Salz | Pfeffer
8 EL Olivenöl

Für den Salat:

500 g Kirschtomaten
1 kleine rote Zwiebel
2–3 Stängel Basilikum
1 EL Weißweinessig
1 EL Aceto balsamico
Salz | Pfeffer
4 EL Olivenöl

1 Für das Filet den Backofen auf 150° vorheizen. Die Filets trocken tupfen, salzen und pfeffern. Den Knoblauch ungeschält mit dem Messerrücken andrücken. Die Rosmarinzweige waschen und trocken schütteln.

2 Das Öl in einer großen Pfanne erhitzen, die Filets darin rundherum in 3–4 Min. bei mittlerer Hitze anbraten, dabei den Knoblauch und die Rosmarinzweige dazugeben. Die Filets jeweils mit Knoblauch und Rosmarin in ein Stück Alufolie (je ca. 25 x 30 cm) wickeln und auf einem Backblech im Backofen (Mitte, Umluft 140°) in ca. 35 Min. fertig garen.

3 Inzwischen für die Salsa verde die Kräuter waschen, trocken schütteln, die Blätter abzupfen und fein hacken. Die Frühlingszwiebeln putzen, waschen und sehr fein schneiden. Den Knoblauch schälen und durchpressen. Essig und Senf mit je 1 kräftigen Prise Salz und Pfeffer verrühren, das Öl unterschlagen und die vorbereiteten Zutaten untermischen.

4 Für den Salat die Kirschtomaten waschen und halbieren. Die Zwiebel schälen und fein hacken. Die Basilikumblätter in grobe Stücke zupfen. Die beiden Essigsorten in einer Schüssel mit je 1 kräftigen Prise Salz und frisch gemahlenem Pfeffer verrühren und das Öl unterschlagen. Tomatenhälften, Zwiebel und Basilikum untermischen und den Salat auf vier Portionsschälchen verteilen.

5 Die Schweinefilets aus dem Ofen nehmen und noch 5 Min. in der Folie ruhen lassen. Dann schräg in Scheiben schneiden und mit der Salsa verde auf vier vorgewärmten Tellern anrichten. Den Salat dazu servieren. Dazu passen noch frisches Ciabatta und ein leichter Rotwein.

Lammrückenfilet mit Möhren-Couscous

orientalisch gewürzt | *Zubereitung: ca. 30 Min.* | *Pro Portion: ca. 420 kcal*

Für 4 Personen

Für die Lammrückenfilets:

je 1 EL Kreuzkümmel- und Koriandersamen | 15 g kandierter Ingwer | 1 Knoblauchzehe | 2 EL neutrales Pflanzenöl | 4 kleine Lammrückenfilets (je ca. 150 g) | Salz
1 ofenfeste Form (ca. 24 x 30 cm)

Für den Möhren-Couscous:

1 große Möhre (ca. 150 g)
2 Frühlingszwiebeln
300 ml Instant-Gemüsebrühe
2 EL Rosinen
1/4 TL gemahlener Kardamom
150 g Instant-Couscous
1 EL Butter | Salz

1 Den Backofen samt der Form auf 120° vorheizen. Für die Filets Kreuzkümmel, Koriander, Ingwer und geschälten Knoblauch im Blitzhacker fein zerkleinern, 1 EL Öl unterrühren. Das Fleisch salzen und mit der Würzmischung einreiben. Filets im übrigen Öl rundherum in 4–5 Min. bei mittlerer Hitze anbraten. In der Form im Ofen (Mitte, keine Umluft) 12–15 Min. garen.

2 Inzwischen für den Couscous die Möhre schälen und grob raspeln. Die Frühlingszwiebeln putzen, waschen und weiße und grüne Teile getrennt fein schneiden. Brühe in einem Topf aufkochen, Möhrenraspel, weiße Zwiebelteile, Rosinen und Kardamom dazugeben und 2 Min. bei schwacher Hitze köcheln lassen. Couscous einrühren, den Topf vom Herd nehmen und den Couscous nach Packungsangabe 5–7 Min. quellen lassen. Dann mit einer Gabel auflockern, Butter und Frühlingszwiebelgrün unterrühren und mit Salz abschmecken. Die Lammrückenfilets aus dem Ofen nehmen, in Scheiben schneiden, mit dem Möhren-Couscous servieren.

Lammragout mit Oliven

einfach besonders | *Zubereitung: ca. 30 Min.* | *Pro Portion: ca. 320 kcal*

Für 4 Personen

600 g Lammrückenfilet
2 Zwiebeln
2 Knoblauchzehen
4 EL Olivenöl | Salz
1 EL Ras-el-Hanout (aus dem Orientladen, s. Clever würzen)
1 EL Tomatenmark
200 ml Instant-Gemüsebrühe
150 g grüne Oliven ohne Stein

1 Das Fleisch trocken tupfen und in etwa 2 cm große Würfel schneiden. Die Zwiebeln schälen, längs halbieren und in Spalten schneiden. Den Knoblauch schälen und fein hacken.

2 Das Öl in einem Schmortopf erhitzen. Das Fleisch darin rundherum anbraten, salzen und mit dem Ras-el-Hanout würzen. Herausnehmen. Die Zwiebeln und den Knoblauch mit dem Tomatenmark im Bratensatz unter Rühren 2 Min. braten. Mit der Gemüsebrühe ablöschen, das Fleisch wieder in den Topf geben und zugedeckt ca. 10 Min. bei mittlerer Hitze schmoren lassen. Die Oliven abtropfen lassen, zum Lammragout geben und noch 5 Min. mitschmoren lassen.

Clever würzen

Ras-el-Hanout ist eine im Orientladen erhältliche nordafrikanische Würzmischung aus Koriander, Kreuzkümmel, Kardamom, Piment, Nelken, Zimt, Rosenblättern und vielem mehr. Wenn Sie es nicht haben, so können Sie das Lammragout ersatzweise auch mit **je 1 TL gemahlenem Kreuzkümmel** und **Kurkuma** würzen.

Rehmedaillons

mit Rosmarin-Tomaten-Polenta

Feines aus Norditalien | *Zubereitung: ca. 30 Min.* | *Pro Portion: ca. 565 kcal*

Für 4 Personen

3 Zweige Rosmarin
2 Knoblauchzehen
6 EL Olivenöl
12 Rehmedaillons (je ca. 60 g)
Pfeffer | Salz
200 g Instant-Polenta
2 Strauchtomaten
1 EL Tomatenmark
ca. 30 g Parmesan (am Stück)

1 Den Rosmarin waschen und trocken schütteln, die Nadeln abstreifen und fein hacken. Den Knoblauch schälen und fein hacken. Jeweils die Hälfte davon vermischen und 2 EL Öl unterrühren. Die Rehmedaillons kalt abwaschen, trocken tupfen, pfeffern und mit dem Rosmarin-Knoblauch-Öl rundherum einreiben.

2 In einem Topf 800 ml Wasser aufkochen, salzen und den Polentagrieß einrieseln lassen. Bei schwacher Hitze offen ca. 10 Min. kochen lassen, gelegentlich umrühren.

3 Inzwischen die Tomaten für 1 Min. in kochendes Wasser legen, mit dem Schaumlöffel herausheben und kalt abschrecken. Die Tomaten häuten, entkernen und ohne Stielansätze klein würfeln. In einer Pfanne 2 EL Olivenöl erhitzen, übrigen Knoblauch und Rosmarin darin 1 Min. anbraten. Tomatenmark und Tomatenstückchen dazugeben und 1 Min. mitdünsten. Die Mischung unter die Polenta rühren und diese in ca. 5 Min. fertig garen.

4 Übriges Öl in einer großen (oder zwei kleineren) Pfanne(n) erhitzen. Die Rehmedaillons darin von jeder Seite 2 Min. braten, salzen und je 3 auf vier vorgewärmte Teller geben. Die Polenta mit Salz abschmecken und dazu anrichten. Vom Parmesan mit dem Sparschäler Späne über die Polenta hobeln. Dazu schmeckt ein kräftiger Rotwein.

Besonders clever!

Ohne **Sauce** geht bei Ihnen gar nichts? Dann nehmen Sie die Rehmedaillons aus der Pfanne und halten Sie sie zugedeckt warm. Bratensatz mit 100 ml Rotwein und 1/4 l Wildfond (aus dem Glas) ablöschen und 2–3 Min. einkochen lassen. Die Sauce mit 2 EL dunklem Saucenbinder binden, mit Salz und Pfeffer abschmecken. Die Rehmedaillons wieder einlegen und dann noch 2–3 Min. bei schwacher Hitze in der Sauce ziehen lassen.

Clever variieren

Wer keine Polenta mag, bereitet als Beilage die **Tomaten-Pasta** von Seite 56 (ohne Orangenzesten, halbe Menge genügt als Beilage) zu und serviert sie zu den Rehmedaillons.

Mandel-Pfeffer-Hähnchen

mit fruchtigem Salat | *Zubereitung: ca. 20 Min.* | *Pro Portion: ca. 660 kcal*

Für 2 Personen

2 Stauden Chicorée
1 Rosa Grapefruit
1 EL Himbeeressig (oder milder Weißweinessig)
Salz | Cayennepfeffer
1 TL flüssiger Honig (oder Ahornsirup)
3 EL Walnussöl
1 EL rosa Pfefferbeeren
80 g gemahlene, gehäutete Mandeln
2 Hähnchenbrustfilets (je ca. 150 g)
neutrales Pflanzenöl zum Ausbacken

1 Den Chicorée putzen, ohne Strunk in breite Streifen schneiden, in einem Sieb kalt abbrausen und abtropfen lassen. Die Grapefruit bis ins Fruchtfleisch schälen, sodass auch die bittere weiße Haut entfernt wird. Die Filets zwischen den Trennhäutchen herausschneiden, Saft dabei auffangen.

2 Vom Grapefruitsaft 4 EL abmessen und in einer Schüssel mit Essig, je 1 kräftigen Prise Salz und Cayennepfeffer sowie dem Honig verrühren. Das Walnussöl unterschlagen und die Chicoréestreifen und Grapefruitfilets untermischen.

3 Pfefferbeeren im Mörser fein zerbröseln, mit den Mandeln auf einem Teller mischen. Hähnchenfilets kalt abwaschen, abtrocknen und jeweils schräg in drei Stücke teilen. Diese salzen, in den Mandeln wenden, die Panade gut andrücken.

4 In eine Pfanne 1 cm hoch Öl füllen und dieses erhitzen. Die Hähnchenstücke darin von jeder Seite 2–3 Min. bei mittlerer Hitze braten, herausnehmen und auf Küchenpapier abtropfen lassen. Mit dem Salat auf zwei Tellern anrichten.

Hähnchenbrust im Schinkenmantel

mediterran | *Zubereitung: ca. 20 Min.* | *Garen: ca. 20 Min.* | *Pro Portion: ca. 265 kcal*

Für 4 Personen

4 Hähnchenbrustfilets (je ca. 150 g)
1 Knoblauchzehe
2 Zweige Rosmarin
4 getrocknete, in Öl eingelegte Tomaten
Salz | Pfeffer
8 Scheiben Parmaschinken (ca. 100 g)
2 EL Olivenöl
200 ml Geflügelfond (aus dem Glas)
1–2 EL Zitronensaft

Außerdem:

8 Holzzahnstocher
1 kleiner ofenfester Bräter

1 Die Hähnchenbrustfilets kalt abwaschen und abtrocknen. Den Knoblauch schälen und fein hacken. Rosmarin waschen, trocken schütteln, die Nadeln fein hacken. Die getrockneten Tomaten abtropfen lassen und klein würfeln. Die Hähnchenbrustfilets salzen, pfeffern und mit Knoblauch, Rosmarin und Tomaten einreiben. Jeweils 2 Schinkenscheiben leicht überlappend auslegen, je 1 Hähnchenfilet darin einwickeln und mit je 2 Holzzahnstochern feststecken.

2 Den Backofen auf 180° vorheizen. Den Bräter erhitzen, das Öl hineingeben und die Filets darin bei mittlerer Hitze von beiden Seiten je 2 Min. anbraten. Mit dem Fond ablöschen und ca. 20 Min. im Backofen (Mitte, Umluft 160°) garen.

3 Die Filets herausnehmen und zugedeckt 5 Min. ruhen lassen. Den Bratensaft aufkochen, eventuell mit ein wenig Wasser verlängern und mit Zitronensaft und Pfeffer abschmecken. Spießchen entfernen, die Filets schräg in Scheiben schneiden und mit der Sauce anrichten.

Provenzalische Honighähnchenkeulen

schmeckt nach Süden | *Zubereitung: ca. 30 Min.* | *Garen: ca. 30 Min.* | *Pro Portion: ca. 520 kcal*

Für 6 Personen

2 Auberginen | Salz
6–8 Schalotten
200 g Kirschtomaten
1 junge Knoblauchknolle
6 große Hähnchenkeulen (je ca. 250 g)
Pfeffer
1 1/2 EL getrocknete Kräuter der Provence
8 EL Olivenöl
1/4 l Weißwein (ersatzweise Gemüsebrühe)
3 EL flüssiger Honig
1 TL getrocknete Lavendelblüten

Clever variieren

Für eine **marokkanisch inspirierte Variante** reiben Sie die Hähnchenteile mit Salz und ca. 1 1/2 EL Ras-el-Hanout (s. S. 81, Clever würzen) ein, ersetzen Sie die Auberginen und Kirschtomaten durch 3–4 gewürfelte Zucchini und 2–3 in Scheiben geschnittene Möhren und verteilen Sie diese mit Knoblauchzehen und Schalotten zwischen den Hähnchenkeulen. Den Honig verwenden Sie pur zum Einpinseln der Hähnchenstücke. Wer keinen Wein verwenden möchte, nimmt Gemüsebrühe. Auch dazu passt Weißbrot.

1 Die Auberginen waschen, putzen, etwa 2 cm groß würfeln, mit Salz bestreuen und Wasser ziehen lassen. Die Schalotten schälen und vierteln. Die Kirschtomaten waschen. Den Knoblauch in Zehen teilen, die inneren, beim jungen Knoblauch noch weichen Hüllen dran lassen.

2 Den Backofen auf 200° vorheizen. Die Hähnchenkeulen im Gelenk teilen, kalt abwaschen und abtrocknen. Mit Salz, Pfeffer und Kräutern der Provence würzen. 2 EL Olivenöl auf ein tiefes Backblech sprenkeln, die Hähnchenteile mit der Hautseite nach unten darauf verteilen. Die Auberginen ausdrücken, trocken tupfen und mit Schalotten, Kirschtomaten und Knoblauchzehen dazwischen verteilen. Das übrige Öl darüberträufeln, den Wein angießen und das Blech für ca. 10 Min. in den Ofen (Mitte, Umluft 180°) schieben.

3 Den Honig mit dem getrockneten Lavendel verrühren. Das Blech kurz aus dem Ofen nehmen, die Hähnchenstücke umdrehen und mit etwas Lavendel-Honig-Mischung bepinseln. Zurück in den Ofen schieben und ca. 15 Min. weiterbraten, dabei noch zweimal mit Honig einpinseln. Zum Schluss den Grill zuschalten und die Hähnchenstücke in 5 Min. goldbraun übergrillen.

4 Die Hähnchenstücke auf sechs vorgewärmte Teller verteilen. Das Gemüse mit Salz und Pfeffer abschmecken und dazugeben. Diesen Hauptgang mit knusprigem Weißbrot und trockenem Weißwein servieren.

Clever tauschen

Wer Thymian, Oregano, Lorbeer und Lavendel im Garten hat oder im Bund als **frische Kräuter der Provence** auf dem Markt bekommt, verwendet natürlich diese (1 großes Bund, allerdings nur 2–3 Lorbeerblätter, weil deren Aroma sonst dominiert).

Gewürzentenbrust
mit Maronen-Blaukraut

fein fürs Wintermenü | *Zubereitung: ca. 30 Min.* | *Pro Portion: ca. 595 kcal*

Für 6 Personen

Für die Entenbrüste:

40 g Butter
4 Entenbrustfilets (je ca. 300 g)
Salz
4 TL chinesisches Fünf-Gewürze-Pulver
1/4 l Entenfond (aus dem Glas)
Saft von 1 Orange (ca. 100 ml)
Pfeffer

Für das Blaukraut:

1 Zwiebel
1 säuerlicher Apfel (z. B. Boskop)
2 EL Butterschmalz
1 Dose Blaukraut (850 ml)
2 EL Zucker
250 g gegarte Maronen (vakuumverpackt)
Salz
1–2 EL Rotweinessig (nach Belieben)

Außerdem:

1 ofenfeste Form (ca. 24 x 30 cm)

1 Die Butter für die Entenbrüste klein würfeln und ins Tiefkühlfach geben. Die Entenbrüste kalt abwaschen, abtrocknen und die Haut mit einem scharfen Messer rautenförmig einritzen. Rundherum mit Salz und dem Fünf-Gewürze-Pulver einreiben. Den Backofen samt der Form auf 120° vorheizen. Entenbrüste mit der Haut nach unten in eine kalte Pfanne legen, erhitzen, 3–5 Min. bei mittlerer Hitze braten, bis die Haut goldbraun ist, dann wenden und auf der anderen Seite 3 Min. anbraten. Mit der Hautseite nach oben in die Form im Ofen (Mitte, keine Umluft) legen und 15 Min. garen. Das Fett aus der Pfanne abgießen, den Bratensatz wieder erwärmen. Mit Fond und Orangensaft ablöschen, 10–12 Min. offen bei mittlerer Hitze köcheln lassen.

2 Inzwischen für das Blaukraut die Zwiebel schälen und fein hacken. Den Apfel schälen und ohne Kerngehäuse grob raspeln. 1 EL Butterschmalz in einem Topf erhitzen, Zwiebel und Apfel darin 2 Min. unter Rühren anbraten. Das Blaukraut dazugeben und unter gelegentlichem Rühren bei mittlerer Hitze erwärmen. Das übrige Butterschmalz mit dem Zucker in einer Pfanne schmelzen. Die Maronen dazugeben, leicht salzen und unter gelegentlichem Rütteln der Pfanne in 2–3 Min. bei schwacher Hitze karamellisieren lassen. Die Maronen unter das Blaukraut mischen und dieses nach Belieben mit dem Essig abschmecken.

3 Die Entenbrüste aus dem Ofen nehmen und zugedeckt 5 Min. ruhen lassen. Inzwischen die eiskalte Butter unter die Sauce rühren, diese nicht mehr kochen lassen. Mit Salz und Pfeffer abschmecken. Das Maronen-Blaukraut auf sechs vorgewärmte Tellern geben. Die Entenbrüste in Scheiben schneiden und mit der Sauce dazu anrichten.

DAS DESSERT – DAS GROSSE FINALE

Der letzte Gang rundet das Menü ab. Setzen Sie damit einen wirkungsvollen Schlusspunkt, der Ihren Gästen auf der Zunge zergeht – und im Gedächtnis bleibt. Süße Naschkatzen werden bei mal fruchtig-leichten, mal üppig-cremigen Kreationen schwelgen, alle anderen freuen sich über eine feine Käseauswahl mit pikantem Dip.

Obstsalat mit Zitronenschaum

leicht beschwipst

Zubereitung: ca. 20 Min. | Pro Portion: ca. 225 kcal

Für 4 Personen

4 reife Nektarinen | 200 g Himbeeren
1 EL Pistazienkerne | 4 sehr frische Eigelb (Größe M) | 4 EL Zucker | Saft von 1 Zitrone
1/8 l Prosecco (oder alkoholfreier Sekt)

1 Die Nektarinen mit einem kleinen scharfen Messer schälen und das Fruchtfleisch in Spalten vom Stein schneiden. Die Himbeeren verlesen, vorsichtig waschen und auf Küchenpapier abtropfen lassen. Das Obst gemischt in vier Gläser oder auf Dessertteller verteilen. Die Pistazien grob hacken.

2 Einen Topf mit passender Rührschüssel aus Metall für ein heißes Wasserbad vorbereiten, dazu ca. 5 cm hoch Wasser in den Topf füllen und erhitzen. Die Eigelbe in der Schüssel mit dem Zucker verrühren und 3–4 Min. mit den Quirlen des Handrührgeräts schaumig aufschlagen. Die Schüssel über das heiße Wasserbad setzen und unter ständigem Weiterrühren Zitronensaft und Prosecco zur Eigelbcreme gießen, bis ein luftiger Schaum entsteht. Die Schüssel vom Wasserbad nehmen und den Schaum 1–2 Min. weiterschlagen, bis er nur noch lauwarm ist.

3 Den Zitronenschaum über die Obstsalate geben, die Pistazien aufstreuen. Das Dessert sofort servieren.

Variante: Mango-Erdbeer-Salat mit Prosecco-Orangen-Schaum

Für 4 Personen | **2 EL Mandelstifte** in einem Pfännchen ohne Fett bei schwacher Hitze rösten, abkühlen lassen. **2 reife Mangos** schälen, das Fruchtfleisch längs vom Stein schneiden und würfeln. **250 g Erdbeeren** waschen, abtropfen lassen, entkelchen und je nach Größe halbieren oder vierteln. Wie beschrieben **4 sehr frische Eigelb** (Größe M) mit **4 EL Zucker** aufschlagen, übers heiße Wasserbad setzen und unter ständigem Rühren den **Saft von 1/2 Orange** (50 ml) und **1/8 l Prosecco** einfließen lassen. Die **abgeriebene Schale von 1/2 Bio-Orange** und nach Belieben **2 EL Orangenlikör** unterziehen. Mangowürfel und Erdbeeren in vier Gläser verteilen und den Orangenschaum darübergeben. Mit den gerösteten Mandelstiften bestreuen.

Variante: Trauben-Johannisbeer-Salat mit Portweinschaum

Für 4 Personen | **300 g kernlose helle Trauben** waschen und halbieren. **200 g Rote Johannisbeeren** waschen, auf Küchenpapier abtropfen lassen und die Beeren von den Rispen zupfen. **12 Walnusshälften** grob hacken. Wie beschrieben **4 sehr frische Eigelb** (Größe M) mit **4 EL Zucker** aufschlagen, übers heiße Wasserbad setzen und unter ständigem Rühren **1/8 l roten Portwein** einfließen lassen. Trauben und Johannisbeeren in vier Gläser füllen und den Portweinschaum darübergeben. Mit den gehackten Walnüssen bestreuen.

Erdbeeren mit Basilikumpesto und Knusperblättern

raffiniert | *Zubereitung: ca. 30 Min.* | *Pro Portion: ca. 520 kcal*

Für 4 Personen

Für die Knusperblätter:

4 quadratische Platten TK-Blätterteig (je ca. 10 x 10 cm und je ca. 45 g)
1 Eigelb
1 EL Milch
50 g Mandelstifte
1 EL Puderzucker

Für das süße Pesto:

50 g Mandelstifte
1 Bund Basilikum
2 EL flüssiger Honig
Salz
4 EL Mandelöl (ersatzweise Walnussöl)
1–2 TL Zitronensaft

Außerdem:

500 g große reife Erdbeeren

1 Die Blätterteigplatten nebeneinander auf der Arbeitsfläche auftauen lassen. Den Backofen auf 200° vorheizen. Ein Backblech mit Backpapier belegen. Die Teigplatten jeweils mit zwei Schnitten zu drei segelförmigen spitzen Dreiecken schneiden und mit etwas Abstand auf das Blech legen. Das Eigelb mit der Milch verrühren, die Dreiecke damit einpinseln und die Mandelstifte daraufstreuen. Im heißen Ofen (Mitte, Umluft nicht empfehlenswert) ca. 8 Min. backen. Dann kurz herausnehmen, den Puderzucker über die Teigblätter sieben und diese für weitere 3–4 Min. in den Backofen schieben, bis sie goldbraun und knusprig sind.

2 Inzwischen die Mandelstifte für das Pesto in einem Pfännchen ohne Fett bei schwacher Hitze goldbraun rösten, abkühlen lassen. Basilikum waschen und trocken schütteln, die Blätter abzupfen. Beides mit Honig und 1 Msp. Salz im Mixer (oder in einem hohen Mixbecher mit dem Stabmixer) fein pürieren. Das Öl einfließen lassen und untermixen und das Pesto mit Zitronensaft abschmecken.

3 Die Erdbeeren waschen, auf Küchenpapier abtropfen lassen, entkelchen und in Scheiben schneiden. Erdbeerscheiben dachziegelartig überlappend auf vier Tellern anrichten. Das Pesto darüberträufeln und die Knusperblätter dazu reichen.

Clever vorbereiten

Die **Knusperblätter** können Sie schon einige Stunden vorher backen und auf dem Blech auskühlen lassen. Das **Pesto** sollten Sie allerdings unmittelbar vor dem Servieren zubereiten, es verliert sonst sein frischwürziges Aroma. Die Mandelstifte dafür können Sie schon vorher rösten, das Basilikum waschen und die Blätter abzupfen auch. Wenn alles bereitgelegt wird, ist das Dessert später im Nu gemacht.

Geeiste Pfirsich-Melonen-Suppe

schmeckt nach Sommer | *Zubereitung: ca. 20 Min.*
Kühlen: ca. 2 Std. | *Pro Portion: ca. 195 kcal*

Für 4 Personen

4 reife Pfirsiche | 1 reife Cantaloup-Melone
Saft von 1 Zitrone | 2–4 TL Puderzucker
4 Kugeln Zitronensorbet (fertig gekauft)
Zitronenmelisse- oder Minzblättchen

1 Die Pfirsiche für 1 Min. in kochendes Wasser legen, herausheben und kalt abschrecken. Die Pfirsiche häuten und das Fruchtfleisch vom Stein schneiden.

2 Die Melone in Spalten schneiden, schälen und das Fruchtfleisch ohne die Kerne grob würfeln. Die Pfirsich- und Melonenstücke mit dem Zitronensaft und 2 TL Puderzucker im Mixer (oder in einem hohen Mixbecher mit dem Stabmixer) fein pürieren. Probieren und nach Geschmack weiteren Puderzucker hinzufügen. Für 2 Std. zugedeckt in den Kühlschrank stellen. Die Schalen, in denen die Fruchtsuppe serviert werden soll, ins Tiefkühlfach geben.

3 Zum Servieren die Fruchtsuppe in die eisgekühlten Schalen füllen. Jeweils 1 Kugel Zitronensorbet hineinsetzen und mit Minz- oder Melisseblättchen dekorieren.

Clever variieren

Wer mag, kann die erfrischende Fruchtsuppe noch mit **2–3 EL Orangenlikör** verfeinern.

Aprikoseneis mit Amarettosahne

gelingt ganz leicht | *Zubereitung: ca. 15 Min.*
Kühlen: ca. 2 Std. | *Pro Portion: ca. 170 kcal*

Für 4 Personen

500 g reife süße Aprikosen | 100 g Sahne
2–3 EL Amaretto (ital. Mandellikör)
1–2 EL Puderzucker | 2–3 EL Limettensaft
2 EL Crème fraîche

1 Die Aprikosen waschen, abtrocknen, halbieren und entsteinen. Die Aprikosenhälften nebeneinander auf eine Platte legen und für 2 Std. ins Tiefkühlfach stellen.

2 Vier hübsche Kelchgläser ins Tiefkühlfach geben. Die Sahne steif schlagen und den Amaretto unterrühren.

3 Die hart gefrorenen Aprikosenhälften mit 1 EL Puderzucker und 2 EL Limettensaft im Mixer (oder in einem hohen Mixbecher mit dem Stabmixer) fein zerkleinern. Die Crème fraîche dazugeben und untermixen, bis eine cremige Masse entsteht. Bei Bedarf noch etwas Puderzucker und/oder Limettensaft dazugeben. Das Aprikoseneis mit einem Eisportionierer (oder einem Esslöffel) zu Kugeln formen und in die Gläser verteilen. Mit der Amarettosahne bekrönen.

Clever tauschen

Essen Kinder mit, lassen Sie den Amaretto weg und garnieren Sie das Eis mit **Schlagsahne** und **gerösteten Mandelstiften.**

vorne: Geeiste Pfirsich-Melonen-Suppe | hinten: Aprikoseneis mit Amarettosahne

Spritz-Granité mit Rosa Grapefruit

erfrischend | *Zubereitung: ca. 25 Min.*
Kühlen: ca. 3 Std. | *Pro Portion: ca. 120 kcal*

Für 6 Personen

1 Bio-Orange | 2 EL Puderzucker
10 EL Aperol (ital. Bitterlikör)
400 ml Prosecco | 1 Rosa Grapefruit

Außerdem:

1 Auflaufform (ca. 24 x 30 cm)

1 Die Form zum Vorkühlen ins Tiefkühlfach stellen. Die Orange heiß abwaschen, abtrocknen und von einer Hälfte die Schale mit dem Sparschäler in einer langen Spirale abschälen. Die Orange für später beiseitelegen.

2 Den Puderzucker mit 4 EL Aperol verrühren, bis sich der Zucker gelöst hat. Die Mischung in die Form gießen und die Orangenschale dazugeben. Mit dem Prosecco aufgießen und die Form für 3 Std. ins Tiefkühlfach stellen.

3 Nach 1 Std. zum ersten Mal, dann im Abstand von 30 Min. noch zwei Mal kurz herausnehmen und mit einer Gabel kräftig durchrühren, sodass viele kleine Kristalle entstehen. Die Orangenschale entfernen, das Spritz-Granité in eine Schüssel umfüllen und zugedeckt weiter tiefkühlen.

4 Das Granité 15 Min. vor dem Servieren in den Kühlschrank stellen, damit es ein wenig antaut. Die Orange und die Grapefruit bis ins Fruchtfleisch schälen, sodass auch die bittere weiße Haut entfernt wird. Die Fruchtfilets zwischen den Trennhäutchen herausschneiden. Das Spritz-Granité mit einem Eisportionierer (oder einem Esslöffel) in sechs Gläser füllen, ein paar Orangen- und Grapefruitfilets dazugeben und jeweils 1 EL Aperol darüberträufeln.

Variante mit Minze

Für 6 Personen | Wie beschrieben eine flache Form vorkühlen. Dann **2 EL Puderzucker** mit dem **Saft von 2 Limetten** verrühren, bis der Zucker sich gelöst hat. **2 Stängel frische Minze** waschen und trocken schütteln, die Blätter fein hacken. Mit der Limettensaftmischung in die Form geben und mit **400 ml Prosecco** oder **trockenem Sekt** auffüllen. Die Mischung ca. 3 Std. kalt stellen und nach 1 Std. zum ersten Mal, später noch zwei Mal mit einer Gabel durchrühren. Zum Servieren in sechs Gläser füllen und **jeweils 1 EL Pfefferminzlikör** darüberträufeln.

Variante mit Espresso

Für 6 Personen | **4 EL Zucker** mit 150 ml Wasser aufkochen und 5 Min. sprudelnd einkochen, dann abkühlen lassen. Eine flache Form zum Vorkühlen ins Tiefkühlfach stellen. **400 ml Espresso** (oder anderen starken Kaffee) zubereiten und den Zuckersirup untermischen. Abgekühlt in die Form gießen und in 3 Std. daraus wie beschrieben ein Granité zubereiten. Zum Servieren **200 g Sahne** steif schlagen. Das Granité in sechs Gläser verteilen, mit der Schlagsahne garnieren und jeweils **1 EL Kaffeelikör** darüberträufeln.

Weiße Schokocreme
mit Granatapfel

zum Dahinschmelzen gut | *Zubereitung: ca. 30 Min.* | *Pro Portion: ca. 415 kcal*

Für 6 Personen

1 kleiner Granatapfel
200 ml Granatapfelsaft (s. Clever einkaufen)
2 TL Speisestärke (10 g)
150 g weiße Schokolade
200 g Sahne
2 EL Puderzucker
200 g Crème fraîche
1 EL Limettensaft
1 Vanilleschote

Clever einkaufen

Granatäpfel erhalten Sie in türkischen Lebensmittelgeschäften, Orientläden und gut sortierten Obst- und Gemüseläden. Die nicht verwendete Hälfte hält im Gemüsefach des Kühlschranks etwa 1 Woche. Die Kerne schmecken auch im Joghurt oder als Topping von Blatt- oder Gurkensalaten. Wenn Sie keinen bekommen, können Sie für das Dessert auch **100 g Rote Johannisbeeren** unter die Sauce rühren. **Granatapfelsaft** gibt es im Bioladen. Den Rest können Sie gut für Aperitifs und Fruchtsaftmischungen verwenden. Ersatzweise geht auch **Roter Johannisbeernektar.**

1 Aus dem Granatapfel den Blütenansatz herausschneiden und die Frucht in zwei Hälften brechen. Aus einer Hälfte die Kerne herauslösen, die Stücke der harten weißen Trennwände sorgfältig aussortieren und wegwerfen. Die übrige Granatapfelhälfte anderweitig verwenden (s. Clever einkaufen).

2 Den Saft in einem Topf erhitzen. Die Speisestärke mit 2 EL kaltem Wasser glatt rühren, mit dem Schneebesen unter den Saft rühren und 1 Min. unter Rühren kochen lassen. Vom Herd nehmen und lauwarm abkühlen lassen.

3 Inzwischen die Schokolade in Stücke brechen und in einem heißen Wasserbad schmelzen. Die Sahne mit 1 EL Puderzucker steif schlagen. Die Crème fraîche mit dem übrigen Puderzucker und dem Limettensaft in eine Schüssel geben.

4 Die Vanilleschote längs aufschneiden, das Mark mit dem Messerrücken herauskratzen und dazugeben. Alles gut verrühren. Die flüssige Schokolade etwas abkühlen lassen und unter die Creme rühren. Zum Schluss die Schlagsahne sorgfältig mit einem Teigspatel unterheben.

5 Die Granatapfelkerne unter die Sauce rühren. Die Schokocreme im Wechsel mit der Granatapfelsauce in sechs Gläser schichten und bis zum Servieren zugedeckt kalt stellen.

Mohncreme
mit Heidelbeeren

Sommergenuss
Zubereitung: ca. 20 Min. | Pro Portion: ca. 305 kcal

Für 4 Personen

3 EL Mohnsamen | 1 Pck. Vanillezucker
2 EL Puderzucker | 200 g Sahne
250 g Magerquark | 2 EL Ahornsirup
2 EL Limettensaft | 250 g Heidelbeeren

Außerdem:

1 EL Puderzucker zum Bestäuben (nach Belieben)

1 Den Mohn mit dem Vanillezucker und 1 EL Puderzucker im Blitzhacker fein mahlen. Die Sahne mit dem übrigen Puderzucker steif schlagen.

2 Den Quark mit dem Ahornsirup und dem Limettensaft verrühren. Erst die Mohnmischung unterrühren, dann die Schlagsahne sorgfältig mit einem Teigspatel unterheben.

3 Die Heidelbeeren verlesen, waschen und in einem Sieb abtropfen lassen. Mohncreme in vier Gläser verteilen und die Beeren daraufhäufen. Das Dessert bis zum Servieren zugedeckt kalt stellen, dann nach Belieben leicht mit Puderzucker bestäuben.

Clever tauschen

Statt der Heidelbeeren schmecken auch **Himbeeren** oder **Stachelbeeren** zur Mohncreme.

Schokocreme
mit Orangensauce

französischer Klassiker
Zubereitung: ca. 25 Min. | Kühlen: ca. 2 Std.
bei 6 Personen pro Portion: ca. 310 kcal

Für 4–6 Personen

100 g Bitterschokolade (mind. 70 % Kakaoanteil)
4 sehr frische Eier (Größe M) | 4 EL Puderzucker
Salz | 200 g Sahne | Mark von 1 Vanilleschote
2 Orangen | 2 EL Orangenmarmelade
2 EL Orangenlikör (nach Belieben)

1 Schokolade in Stücke brechen, im heißen Wasserbad schmelzen. Eier trennen. Eiweiße mit 1 EL Puderzucker und 1 Msp. Salz, Sahne mit 1 EL Puderzucker sehr steif schlagen.

2 Die Eigelbe mit dem übrigen Puderzucker und dem Vanillemark in einer Rührschüssel mit den Quirlen des Handrührgeräts schaumig aufschlagen. Die geschmolzene Schokolade unterrühren. Erst die Schlagsahne, dann den Eischnee mit einem Teigspatel unterziehen. Die Schokocreme in vier bis sechs Gläser füllen und zugedeckt im Kühlschrank in ca. 2 Std. erstarren lassen.

3 Orangen bis ins Fruchtfleisch schälen, sodass auch die bittere weiße Haut entfernt wird. Filets zwischen den Trennhäutchen herausschneiden, dabei den Saft auffangen. Marmelade und Saft in einem Töpfchen verrühren und erwärmen, die Orangenfilets und nach Belieben den Likör untermischen. Abgekühlt auf den Schokocremes verteilen.

links: Mohncreme mit Heidelbeeren | rechts: Schokocreme mit Orangensauce

Kokos-Panna-cotta mit Maracujasauce

erfrischend | *Zubereitung: ca. 15 Min.*
Kühlen: ca. 2 Std. | *Pro Portion: ca. 585 kcal*

Für 4 Personen

6 Blätter weiße Gelatine | 1 Dose Kokosmilch (400 ml) | 200 g Cream of coconut (gesüßte Kokoscreme, aus der Dose; Spirituosenregal)
1 EL Zucker | 1–2 EL + 1–2 TL Limettensaft
6 Maracujas | 1–2 TL Puderzucker

1 Die Gelatine für 10 Min. in kaltem Wasser einweichen. Inzwischen Kokosmilch und Cream of coconut in einem Topf mit dem Zucker verrühren und bis kurz vor den Siedepunkt erhitzen. Den Topf vom Herd nehmen, die Gelatine ausdrücken, zur Kokoscreme geben und mit dem Schneebesen unterrühren, bis sie sich ganz aufgelöst hat. Die Creme mit 1–2 EL Limettensaft abschmecken.

2 Zum Portionieren die Kokosmischung in ein Gefäß mit Ausgießer geben und vorsichtig so in vier Gläser füllen, dass die Ränder nicht verschmiert werden. Dann zugedeckt im Kühlschrank in ca. 2 Std. erstarren lassen.

3 Die Maracujas quer halbieren und das Fruchtfleisch herauskratzen. Zwei Drittel davon durch ein feines Sieb streichen und den Saft mit dem restlichen Fruchtfleisch mischen. Fruchtsauce mit Puderzucker und 1–2 TL Limettensaft verrühren und vor dem Servieren auf die Kokos-Panna-cotta geben.

Früchte im Jasminteegelee

asiatisch leicht | *Zubereitung: ca. 25 Min.*
Kühlen: ca. 2 Std. | *Pro Portion: ca. 185 kcal*

Für 4 Personen

5 Blätter weiße Gelatine
2 EL Jasmintee (aus dem Asienladen)
1–2 EL Zucker
ca. 500 g exotische Früchte (z. B. Mango, Papaya, Pitahaya, Kiwi, Babyananas)
100 g Sahne | 1 Pck. Vanillezucker

1 Die Gelatine 10 Min. in kaltem Wasser einweichen. Inzwischen den Jasmintee in eine Kanne geben. 1/2 l Wasser aufkochen, vom Herd nehmen und 1 Min. abkühlen lassen. Dann die Teeblätter damit aufbrühen und 5 Min. zugedeckt ziehen lassen. Den Tee abseihen und nach Geschmack mit dem Zucker süßen. Die Gelatine ausdrücken, im Tee auflösen und diesen anschließend lauwarm abkühlen lassen.

2 Inzwischen die Früchte schälen, von Strunk oder Kernen befreien und das Fruchtfleisch in etwa 1 cm große Würfel schneiden (oder mit dem Kugelausstecher zu Kugeln formen). Sobald die Teemischung lauwarm ist, die Früchte untermischen und in vier Gläser füllen. Dann im Kühlschrank in ca. 2 Std. erstarren lassen.

3 Zum Servieren die Sahne mit dem Vanillezucker steif schlagen und die fest gewordenen Gelees damit garnieren.

links: Kokos-Panna-cotta mit Maracujasauce | rechts: Früchte im Jasminteegelee

Weißwein-Ingwer-Birnen
mit Gewürzsahne

mit raffinierter Schärfe | *Zubereitung: ca. 20 Min.* | *Kühlen: ca. 1 Std.* | *Pro Portion: ca. 275 kcal*

Für 4 Personen

ca. 30 g Marzipan
ca. 350 ml Weißwein
1 großes Stück frischer Ingwer (ca. 10 cm)
1 Bio-Zitrone
4 kleine reife Birnen
1 EL Zucker
150 g Sahne
1 TL Vanillezucker
1/2 TL Lebkuchengewürz

1 Die ganze Marzipanpackung für mindestens 1 Std. ins Tiefkühlfach legen. Den Wein in einen Topf geben. Den Ingwer schälen, in Scheiben schneiden und hinzufügen. Die Zitrone heiß abwaschen, in dicke Scheiben schneiden und diese ebenfalls zum Wein geben.

2 Die Birnen schälen, vierteln und die Kerngehäuse entfernen. Die Birnenviertel noch einmal längs halbieren und mit dem Zucker in den Wein geben. (Die Birnen sollen ganz bedeckt sein, also eventuell noch ein wenig Wein angießen.) Die Mischung aufkochen und ca. 2 Min. bei schwacher Hitze ziehen lassen. Dann vom Herd nehmen und abkühlen lassen. Bis zur Verwendung zugedeckt beiseitestellen.

3 Zum Servieren die Sahne mit dem Vanillezucker und dem Lebkuchengewürz steif schlagen.

4 Die Ingwerbirnen aus dem Weinsud heben und in vier Gläser oder Schalen verteilen. Mit der Gewürzsahne garnieren. Vom eiskalten Marzipan etwa 30 g wie Parmesan in groben Spänen darüberraspeln.

Clever variieren

Das würzig-scharfe Ingweraroma passt auch gut zu **Rotweinzwetschgen:** Für 4 Personen 500 g Zwetschgen waschen, längs aufschneiden und entsteinen. Mit 350 ml Rotwein, dem in Scheiben geschnittenen Ingwer, 1 EL Zucker und 1 kleinen Zimtstange in 3–4 Min. nicht zu weich kochen. Dazu passt auch die Amarettosahne von Seite 97.

Tiramisu im Glas

italienisch | *Zubereitung: ca. 25 Min.*
Kühlen: mind. 2 Std. | *Pro Portion: ca. 470 kcal*

Für 6 Personen

100 ml frisch gebrühter starker Espresso
4 EL Amaretto (ital. Mandellikör)
200 g Sahne | 3 sehr frische Eigelb (Größe M)
3 EL Puderzucker | 250 g Mascarpone
ca. 150 g Löffelbiskuits

Außerdem:

3 TL Kakaopulver zum Bestäuben

1 Espresso mit dem Likör mischen, lauwarm abkühlen lassen. Inzwischen die Sahne steif schlagen. Die Eigelbe mit dem Puderzucker in einer Schüssel mit den Quirlen des Handrührgeräts schaumig aufschlagen. Erst den Mascarpone unterrühren, dann die Sahne mit dem Teigspatel sorgfältig unterheben.

2 Die Löffelbiskuits in Stücke brechen und die Hälfte davon in sechs Gläser geben. Jeweils etwas Espressomischung darüberträufeln und die Hälfte der Mascarponecreme daraufgeben. Die übrigen Biskuits daraufgeben, mit dem übrigen Espresso tränken und die restliche Creme darauf verteilen. Die Desserts für ca. 2 Std. zugedeckt in den Kühlschrank stellen. Zum Servieren das Kakaopulver darübersieben.

Clever variieren

Wer auf rohe Eier lieber verzichten möchte, rührt **6 cl Eierlikör** unter den Mascarpone.

Schwarzwälder Kirschtorte im Glas

gelingt ganz leicht
Zubereitung: ca. 20 Min. | *Pro Portion: ca. 405 kcal*

Für 4 Personen

100 g Sahne | 2 EL Puderzucker
120 g Doppelrahmfrischkäse
1 Pck. Vanillezucker
1 kleines Glas Schattenmorellen
(185 g Abtropfgewicht) | 6 EL Kirschwasser
ca. 120 g Schokoladenbiskuit (fertig gekauft)
ca. 30 g Zartbitterschokolade

1 Die Sahne mit 1 EL Puderzucker steif schlagen. Den Frischkäse mit dem übrigen Puderzucker und dem Vanillezucker glatt rühren und die Schlagsahne unterheben.

2 Die Kirschen in ein Sieb abgießen und abtropfen lassen, dann in einer Schüssel mit dem Kirschwasser mischen.

3 Den Schokoladenbiskuit in vier Gläser bröseln. Die Kirschen samt Kirschwasser darauf verteilen und die Creme darübergeben. Von der Schokolade mit dem Sparschäler Späne abhobeln und die Desserts damit garnieren.

Clever vorbereiten

Die Torte im Glas schmeckt zwar auch frisch gemacht, wenn Sie sie aber lieber frühzeitig vorbereiten, so kann sie auch gut einige Stunden im Kühlschrank auf ihren Einsatz warten. Wichtig: Decken Sie Desserts mit Sahne und anderen Milchprodukten gut ab, denn sie nehmen rasch Kühlschrankgerüche an!

links: Schwarzwälder Kirschtorte im Glas | rechts: Tiramisu im Glas

Rhabarber-Erdbeer-Trifle

feinsäuerlich
Zubereitung: ca. 30 Min. | Pro Portion: ca. 380 kcal

Für 4 Personen

2 Stangen Rhabarber (ca. 200 g)
Saft von 1 Orange | 1 EL Zucker
1 kleine Zimtstange | 250 g Erdbeeren
4 EL Wodka (nach Belieben)
200 g Sahne | 1 Pck. Vanillezucker
150 g heller Biskuit (Wiener Boden; fertig gekauft) | 2 TL gehackte Pistazien

1 Den Rhabarber putzen, eventuell entfädeln und in 2 cm lange Stücke schneiden. Mit dem Orangensaft, dem Zucker und der Zimtstange in einen Topf geben, aufkochen und 4–5 Min. bei schwacher Hitze zugedeckt köcheln lassen, bis der Rhabarber weich ist, aber noch nicht zerfällt. Das Kompott in eine Schüssel füllen und abkühlen lassen, die Zimtstange entfernen.

2 Inzwischen die Erdbeeren waschen, auf Küchenpapier abtropfen lassen, entkelchen und klein schneiden. Nach Belieben mit dem Wodka mischen. Die Sahne mit dem Vanillezucker steif schlagen.

3 Den Biskuit in vier Gläser oder Schälchen bröseln. Die Erdbeeren unter den Rhabarber mischen und auf den Biskuitbröseln verteilen. Die Vanillesahne daraufgeben und die Rhabarber-Erdbeer-Trifles mit den gehackten Pistazien garnieren.

Feigen-Himbeer-Trifle

aromatisch-frisch
Zubereitung: ca. 15 Min. | Pro Portion: ca. 310 kcal

Für 4 Personen

250 g Sahnequark | 2 EL Limettensaft
1 1/2 EL Ahornsirup | 4 frische Feigen
ca. 150 g Himbeeren
120 g weiche Amaretti (Mandelplätzchen)
8 EL Sherry medium (ersatzweise Orangensaft)
2 TL Puderzucker

1 Den Quark mit dem Limettensaft und dem Ahornsirup verrühren. Die Feigen schälen, klein schneiden und untermischen.

2 Die Himbeeren verlesen, vorsichtig waschen und auf Küchenpapier abtropfen lassen.

3 Die Amaretti in vier Gläser bröseln und mit dem Sherry beträufeln. Die Quarkcreme daraufgeben und glatt streichen. Die Himbeeren dicht an dicht daraufsetzen. Trifles bis zum Servieren zugedeckt kalt stellen.

4 Den Puderzucker in ein feines Sieb geben und die Trifles damit bestäuben.

Clever tauschen

Die Feigen können Sie auch weglassen und stattdessen **40 g gehackte Walnüsse** unter die Quarkcreme rühren. Statt der weichen italienischen Mandelplätzchen (»Amaretti morbidi«) gehen auch **Löffelbiskuits** für die Trifles.

vorne: Feigen-Himbeer-Trifle | hinten: Rhabarber-Erdbeer-Trifle

Pfirsich-Pistazien-Crumble

mit Knusperhaube | *Zubereitung: ca. 20 Min.* | *Backen: ca. 25 Min.* | *Pro Portion: ca. 560 kcal*

Für 4 Personen

4 reife Pfirsiche | 2 EL Zitronensaft | 1 Pck. Vanillezucker
2 EL flüssige Butter
150 g Mehl | 3 EL Pistazienkerne | 100 g Zucker
1/3 TL gemahlener Kardamom
Salz | 100 g kalte Butter

Außerdem:

4 ofenfeste flache Förmchen (je ca. 12 cm Ø)

Clever vorbereiten

Bereiten Sie die Crumbles schon vor dem Eintreffen Ihrer Gäste backfertig vor und schieben Sie sie in den Ofen, sobald das Hauptgericht verzehrt ist.

1 Die Pfirsiche für 1 Min. in kochendes Wasser legen, mit dem Schaumlöffel herausheben und unter fließendem kalten Wasser abschrecken. Die Pfirsiche häuten und das Fruchtfleisch in Spalten vom Stein schneiden. Pfirsichspalten mit dem Zitronensaft, dem Vanillezucker und der flüssigen Butter mischen und in die Förmchen verteilen.

2 Den Backofen auf 180° vorheizen. Das Mehl auf die Arbeitsfläche geben. Die Pistazien fein hacken und untermischen. Zucker, Kardamom und 1 kleine Prise Salz dazugeben. Die Butter klein würfeln und alles mit den Händen zu krümeligen Streuseln verkneten.

3 Die Pistazienstreusel gleichmäßig über die Pfirsiche verteilen und die Crumbles im heißen Backofen (Mitte, Umluft 160°) ca. 25 Min. backen, bis die Streusel knusprig sind. Zum Servieren etwas abkühlen lassen, dann die Förmchen auf Teller setzen.

Apfel-Haselnuss-Crumble

herbstlich fein | *Zubereitung: ca. 15 Min.* | *Backen: ca. 25 Min.* | *Pro Portion: ca. 610 kcal*

Für 4 Personen

4 säuerliche Äpfel (z. B. Boskop)
2 EL Zitronensaft
1 EL + 100 g Zucker
2 EL flüssige Butter
150 g Mehl
50 g gemahlene Haselnüsse
1/2 TL Zimtpulver | Salz
100 g kalte Butter

Außerdem:

4 ofenfeste flache Förmchen (je ca. 12 cm Ø)

1 Die Äpfel schälen, von den Kerngehäusen befreien und in Spalten schneiden. Die Apfelspalten sofort mit dem Zitronensaft, 1 EL Zucker und der flüssigen Butter mischen und in die Förmchen verteilen.

2 Den Backofen auf 180° vorheizen. Das Mehl auf die Arbeitsfläche geben und mit den Haselnüssen mischen. Den übrigen Zucker, den Zimt und 1 kleine Prise Salz dazugeben. Die Butter klein würfeln und alles mit den Händen zu krümeligen Streuseln verkneten.

3 Die Haselnussstreusel über die Äpfel verteilen und die Crumbles im heißen Backofen (Mitte, Umluft 160°) etwa 25 Min. backen, bis die Streusel goldbraun und knusprig sind. Vor dem Servieren etwas abkühlen lassen.

Clever tauschen

Der Crumble schmeckt auch mit einer Mischung aus **Äpfeln** und **Birnen.** Statt Haselnüssen können Sie auch **gehackte Walnüsse** nehmen.

Schoko-Fondants mit rosa Pfeffer

französisch | *Zubereitung: ca. 30 Min.* | *Pro Portion: ca. 470 kcal*

Für 8 Personen

Für die Fondants:

- 1 gehäufter EL rosa Pfefferbeeren
- 200 g Bitterschokolade (mind. 70 % Kakaogehalt)
- 150 g weiche Butter
- 100 g Puderzucker
- Salz | 3 Eier (Größe M)
- 50 g Mehl

Außerdem:

- 8 ofenfeste Förmchen (je 100 ml Inhalt)
- Butter und Mehl für die Förmchen
- 200 g Sahne
- Früchte für die Deko (z. B. Himbeeren, Erdbeeren, Kiwis, Mango)
- Puderzucker (nach Belieben) zum Bestäuben

1 Den Backofen auf 160° (Umluft 150°) vorheizen. Die Förmchen ausbuttern und mit Mehl ausstäuben. Für die Fondants die rosa Pfefferbeeren im Mörser zerstoßen.

2 Die Schokolade in Stücke brechen und in einem heißen Wasserbad schmelzen. Inzwischen die Butter, den Puderzucker und 1 kleine Prise Salz in eine Rührschüssel geben und mit den Quirlen des Handrührgeräts 2–3 Min. schaumig aufschlagen. Nach und nach die Eier hinzufügen. Die geschmolzene Schokolade und den rosa Pfeffer unterrühren. Das Mehl daraufsieben und mit einem Teigspatel unterziehen. Die Teigmasse in die Förmchen verteilen und die Fondants im Ofen (Mitte) 15–18 Min. backen.

3 Inzwischen die Sahne steif schlagen. Die Früchte waschen bzw. schälen, in dekorative, mundgerechte Stücke schneiden und auf acht Desserttellern anrichten (in der Tellermitte Platz für die Schoko-Fondants lassen).

4 Zur Garprobe mit einem Holzstäbchen in eines der Schoko-Fondants stechen: Wenn daran kein Teig mehr haften bleibt, sind die kleinen Kuchen fertig. Fondants herausnehmen, stürzen, jeweils 1 auf die Dessertteller geben und nach Belieben etwas Puderzucker darübersieben. Mit Schlagsahne garnieren und sofort servieren.

Clever variieren

Statt rosa Pfeffer unter den Schokoteig zu mischen, setzen Sie in den Förmchen **jeweils 1 Kirschpraline** (z. B. Mon cheri) obenauf. Während die Fondants backen, sinkt sie ein wenig ein und verleiht den Minikuchen einen feinfruchtigen Alkoholkick.

Clever vorbereiten

Sie befürchten, im Laufe des Abends könnte Hektik aufkommen? Dann bereiten Sie den Schokoteig schon vor, bevor Ihre Gäste da sind. Füllen Sie ihn in die Förmchen und stellen Sie diese bis zum Backen zugedeckt kühl (aber nicht in den Kühlschrank). Sie sollten übrigens, auch wenn Sie nur zu sechst sind, alle acht Fondants zubereiten. Für die überzähligen finden sich garantiert dankbare Abnehmer – Erfahrungssache! Wenn tatsächlich welche übrig bleiben, so schmecken sie auch noch kalt am nächsten Tag.

Käseplatte mit Früchten,
Nüssen und Apfelsenf

pikanter Menüabschluss | *Zubereitung: ca. 20 Min.* | *Pro Portion: ca. 1036 kcal*

Für 6 Personen

Für den Apfelsenf:

2 säuerliche Äpfel (z. B. Braeburn)
1 TL neutrales Öl
1 TL Senfkörner
100 ml Apfelsaft
1 EL Zitronensaft
1 EL Zucker
2–3 Gewürznelken
1–2 EL Dijonsenf
Salz | Pfeffer

Für die Käseplatte:

5 verschiedene Käsesorten am Stück (z. B. Camembert oder Brie, Fougeroux oder Reblochon, Ziegenfrischkäse oder Ziegenweichkäse, Walnuss- oder Pfefferkäse, Greyerzer oder Bergblumenkäse; insgesamt 600–800 g)

Außerdem:

Feigen | Physalis | Trauben
Walnüsse | Rauchmandeln
Pistazien | Baguette
Walnussbrot

1 Für den Apfelsenf die Äpfel schälen und ohne Kerngehäuse klein würfeln. Das Öl in einem kleinen Topf erhitzen, die Senfkörner darin anbraten, bis sie anfangen zu springen. Apfelstückchen, Apfelsaft, Zitronensaft, Zucker und Gewürznelken hinzufügen. Zugedeckt bei schwacher Hitze 4–5 Min. köcheln lassen, bis die Apfelstückchen weich sind. Vom Herd nehmen und lauwarm abkühlen lassen. Die Nelken entfernen und die Masse mit einer Gabel fein zermusen. Den Senf unterrühren und den Apfelsenf mit Salz und Pfeffer würzig abschmecken. In ein Schälchen füllen.

2 Die Früchte waschen, die Feigen vierteln, die Hüllblätter der Physalis öffnen. Die Schale mit dem Apfelsenf und den Käse auf einem Brett oder einer großen Platte mit großzügigem Abstand arrangieren. Die Früchte und Nüsse dazwischenlegen bzw. -streuen. Bis zum Servieren mit Folie abgedeckt kühl stellen, aber vor dem Servieren wieder Zimmertemperatur annehmen lassen. Das Brot in kleine Scheiben oder Stückchen schneiden und dazu anbieten.

Clever einkaufen

Der **Käse** wird vermutlich nicht ganz aufgegessen werden, die Käseplatte sollte aber dennoch üppig bestückt aussehen. Mögen nur wenige Ihrer Gäste Käse zum Dessert, so beschränken Sie sich auf eine Sorte, z. B. spanischen Manchego, entrinden Sie diesen und schneiden Sie ihn gleich in mundgerechte Ecken. Dazu servieren Sie den Apfelsenf, Trauben und Brot.

Leichtes Menü für zwei

(1 Std. 10 Min.)

Räucherlachs-Gurken-Salat ½ x (S. 23)
Spargel mit Vanillebutter (S. 49)
Mango-Erdbeer-Salat ½ x (S. 93)

Sie brauchen außerdem:

1/2 Baguette (zur Vorspeise)

Bevor Ihr Gast kommt:

1 Den Räucherlachs-Gurken-Salat (bis Step 3) vorbereiten und zugedeckt kalt stellen.

2 Den Spargel schälen und in ein feuchtes Küchentuch gewickelt ins Gemüsefach des Kühlschranks legen.

3 Die Kartoffeln waschen, im Topf bereitstellen. Den Topf mit Wasser für den Spargel vorbereiten.

4 Alles für das Wasserbad fürs Dessert bereitstellen. Die Mandelstifte rösten und beiseitestellen. Das Baguette schneiden.

Wenn Ihr Gast da ist:

5 Die Vorspeise garnieren und mit Baguette servieren.

6 Teller warm stellen. Den Spargel, die Kartoffeln und die Vanillebutter zubereiten und servieren.

7 Das Dessert zubereiten und servieren.

Das gibt es zu trinken:

Als Aperitif bieten Sie den Prosecco an (eventuell mit einem Schuss Aperol), den Sie später auch für den Orangenschaum fürs Dessert verwenden. Zu Vorspeise und Hauptgang passt ein fruchtiger Weißwein.

Edles Menü für zwei

(55 Min.)

Roastbeef mit Gurkenrelish (S. 26)
Zitronennudeln mit Rotbarbenfilets (S. 59)
Pfirsich-Pistazien-Crumble (S. 112)

Sie brauchen außerdem:

1/2 Baguette (zur Vorspeise)

Bevor Ihr Gast kommt:

1 Den Pfirsich-Pistazien-Crumble vorbereiten (bis Step 2, Ofen noch nicht vorheizen).

2 Den Hauptgang (bis Step 2) vorbereiten.

3 Das Baguette schneiden. Die Vorspeise zubereiten (Gurkenrelish noch separat) und zugedeckt kalt stellen.

Wenn Ihr Gast da ist:

4 Die Vorspeise garnieren und mit Baguette servieren.

5 Teller vorwärmen. Die Nudeln kochen und die Rotbarbenfilets braten. Den Hauptgang fertigstellen und servieren. Den Backofen vorheizen.

6 Das Dessert in den Ofen stellen (Küchenuhr stellen!) und anschließend servieren.

Das gibt es zu trinken:

Als Aperitif schmeckt der Cranberry-Drink von Seite 13 oder trockener Sekt. Zu Vorspeise und Hauptgang servieren Sie einen trockenen Weißwein. Zum Dessert passt Kaffee.

Fisch-Menü für vier

(1 Std. 10 Min.)

Blattsalat mit Jakobsmuscheln (S. 43)
Zander auf Fenchel-Tomaten-Reis (S. 65)
Obstsalat mit Zitronenschaum (S. 93)

Sie brauchen außerdem:

1 Baguette (zur Vorspeise)

Bevor die Gäste kommen:

1 Alle Zutaten und Utensilien für den Hauptgang vorbereiten (Reis noch nicht kochen) und zugedeckt kalt stellen (Fisch) bzw. beiseitestellen (Fenchel und Tomaten).

2 Alles für das Wasserbad fürs Dessert bereitstellen. Das Baguette schneiden.

3 Den Salat für die Vorspeise vorbereiten (bis Step 2).

Wenn die Gäste da sind:

4 Die Jakobsmuscheln braten, den Salat fertigstellen und mit Baguette servieren.

5 Teller vorwärmen. Den Hauptgang zubereiten und servieren.

6 Das Dessert zubereiten und servieren.

Das gibt es zu trinken:

Als Aperitif schmeckt ein Aperol Spritz (S. 12) oder trockener Sekt. Zu Vorspeise und Hauptgang servieren Sie einen trockenen Weißwein. Zum Dessert passt der Prosecco, den Sie auch für den Zitronenschaum verwenden.

Mediterranes Menü für vier

(1 Std. 15 Min.)

Pfirsich-Caprese mit Minze (S. 19)
Schweinefilet mit Salsa verde (S. 79)
Tiramisu im Glas (S. 109)

Sie brauchen außerdem:

1 Ciabatta (zur Vorspeise)

Bevor die Gäste kommen:

1 Das Tiramisu vorbereiten (noch nicht mit Kakao bestäuben; eventuell nur zwei Drittel der Rezeptmenge, der Rest schmeckt aber auch noch am nächsten Tag!) und zugedeckt kalt stellen.

2 Step 1 und 3 des Hauptgangs vorbereiten, den Ofen noch nicht vorheizen.

3 Ciabatta schneiden. Die Vorspeise zubereiten und, kurz bevor die Gäste kommen, das Dressing darüberträufeln.

Wenn die Gäste da sind:

4 Den Backofen vorheizen und die Vorspeise mit Ciabatta servieren.

5 Teller vorwärmen. Den Hauptgang zubereiten und servieren.

6 Das Dessert mit Kakaopulver bestäuben und servieren.

Das gibt es zu trinken:

Zur Vorspeise passt Prosecco, den Sie auch schon als Aperitif reichen können. Zum Hauptgang schmeckt ein leichter Rotwein. Wer mag, nimmt zum Dessert ein Glas Amaretto (ital. Mandellikör).

Orientalisches Menü für vier

(1 Std. 15 Min.)

Rote-Linsen-Suppe mit Kreuzkümmeljoghurt (S. 34)
Lammrückenfilet mit Möhren-Couscous (S. 80)
Ingwerbirnen mit Gewürzsahne (S. 107)

Bevor die Gäste kommen:

1 Die Ingwerbirnen zubereiten (bis Step 2) und zugedeckt beiseitestellen.

2 Die Suppe und den Kreuzkümmeljoghurt zubereiten (bis Step 3) und beiseitestellen.

3 Die Gewürzmischung herstellen, das Lammrückenfilet damit einreiben und zugedeckt marinieren.

Wenn die Gäste da sind:

4 Die Suppe wieder erwärmen, Frühlingszwiebeln unterrühren, abschmecken und mit dem Joghurt servieren. Den Backofen vorheizen.

5 Teller vorwärmen. Lammrücken und den Möhren-Couscous zubereiten und servieren.

6 Die Gewürzsahne zubereiten, das Dessert fertigstellen und servieren.

Das gibt es zu trinken:

Als Aperitif schmeckt z. B. der Orangen-Drink von S. 12. Zur Vorspeise passt am besten Wasser, zum Hauptgericht servieren Sie einen fruchtigen Weißwein.

Asia-Menü für vier

(1 Std. 10 Min.)

Kokos-Tomaten-Suppe mit Hähnchenstreifen (S. 35)
Doraden mit Zitronengras (S. 67)
Früchte in Jasminteegelee (S. 105)

Sie brauchen außerdem:

1 große Salatgurke
2 Beutel Basmati-Reis (10 Min. Kochzeit)

Bevor die Gäste kommen:

1 Das Dessert zubereiten (bis Step 2) und zugedeckt kalt stellen.

2 Die Suppe und die Hähnchenstreifen zubereiten (bis Step 3) und beiseitestellen.

3 Die Salatgurke schälen, in Scheiben hobeln, mit Salz bestreuen, Wasser ziehen lassen.

4 Die Doraden vorbereiten, aufs Blech legen, noch kein Wasser hinzufügen. Die Zitronengras-Chili-Mischung zubereiten.

5 Die Gurken ausdrücken. Mit 2 EL Weißweinessig und 3 EL neutralem Pflanzenöl anmachen, in vier Schälchen verteilen.

Wenn die Gäste da sind:

6 Die Suppe wieder erwärmen und servieren. Den Backofen vorheizen.

7 Teller vorwärmen. Die Doraden in den Ofen schieben. Den Reis in Salzwasser kochen. Doraden mit Zitronengras-Chili-Mischung, Reis und Gurkensalat servieren.

8 Die Vanillesahne aufschlagen, die Desserts damit garnieren und servieren.

Das gibt es zu trinken:

Trockener Weißwein oder Wasser

Sommermenü für sechs

(1 Std. 30 Min.)

Schinken-Carpaccio 1 ½ x (S. 27)
Provenzalische Honighähnchenkeulen (S. 87)
Geeiste Pfirsich-Melonen-Suppe 1 ½ x (S. 97)

Sie brauchen außerdem:

3 Baguettes oder Ciabattabrote (für Vorspeise und Hauptgang)

Bevor die Gäste kommen:

1 Die Pfirsich-Melonen-Suppe zubereiten und zugedeckt kalt stellen. Die Servierschalen ins Tiefkühlfach geben.

2 Die Hähnchenkeulen vorbereiten (bis Step 2, Ofen noch nicht vorheizen, noch keinen Wein angießen).

3 Die Vorspeise vorbereiten. Brot schneiden.

Wenn die Gäste da sind:

4 Den Backofen vorheizen. Öl und Wein zu den Hähnchenkeulen geben und in den Ofen schieben. Die Vorspeise servieren.

5 Die Teller vorwärmen. Die Honigmischung vorbereiten. Zu den Gästen gehen, aber regelmäßig kurz in die Küche gehen und die Hähnchenkeulen damit einpinseln. Den Hauptgang auf Teller verteilen und servieren.

6 Die Geeiste Pfirsich-Melonen-Suppe in die Schalen füllen, Zitronensorbet hineinsetzen, garnieren und servieren.

Das gibt es zu trinken:

Als Aperitif und zur Vorspeise passt ein gut gekühlter trockener Sherry (Fino). Zum Hauptgang können Sie einen fruchtigen Weißwein oder auch einen leichten Rotwein reichen.

Wintermenü für sechs

(1 Std. 25 Min.)

Weinsuppe mit Zimt-Croûtons (S. 39)
Rinderfilet mit Morchelrahm (S. 75)
Schokocreme mit Orangensauce (S. 103)

Sie brauchen außerdem:

800 g frische Spätzle (aus der Kühltheke)
30 g Butter

Bevor die Gäste kommen:

1 Die Schokocreme zubereiten, in Gläser füllen und zugedeckt kalt stellen. Die Orangensauce zubereiten und zugedeckt beiseitestellen.

2 Die Suppe vorbereiten (bis Step 2) und beiseitestellen.

3 Alle Zutaten für den Hauptgang bereitlegen. Die Morcheln einweichen.

Wenn die Gäste da sind:

4 Die Suppe fertigstellen und servieren. Den Backofen vorheizen.

5 Die Teller vorwärmen. Die Filetsteaks und den Morchelrahm zubereiten.

6 Die Butter in einer großen Pfanne schmelzen. Die Spätzle darin bei schwacher Hitze unter gelegentlichem Umrühren erwärmen. Mit dem Rinderfilet und der Sauce auf die Teller verteilen und servieren.

7 Die Schokocreme mit der Orangensauce garnieren und servieren.

Das gibt es zu trinken:

Als Aperitif schmeckt trockener Rosé-Sekt. Zum Hauptgang reichen Sie einen reifen Rotwein. Zum Dessert passt ein Glas Orangenlikör.

T

V

W

Z

Unsere Garantie

Mit dem Kauf dieses Buches haben Sie sich für ein Qualitätsprodukt entschieden. Wir haben alle Informationen in diesem Ratgeber sorgfältig und gewissenhaft geprüft. Sollte Ihnen dennoch ein Fehler auffallen, bitten wir Sie, uns das Buch mit dem entsprechenden Hinweis zurückzusenden. Gerne tauschen wir Ihnen den GU-Ratgeber gegen einen anderen zum gleichen oder zu einem ähnlichen Thema um.

GRÄFE UND UNZER

Ein Unternehmen der
GANSKE VERLAGSGRUPPE

Liebe Leserin und lieber Leser,

wir freuen uns, dass Sie sich für ein GU-Buch entschieden haben. Mit Ihrem Kauf setzen Sie auf die Qualität, Kompetenz und Aktualität unserer Ratgeber. Dafür sagen wir Danke!
Wir wollen als führender Ratgeberverlag noch besser werden. Daher ist uns Ihre Meinung wichtig. Bitte senden Sie uns Ihre Anregungen, Ihre Kritik oder Ihr Lob zu unseren Büchern. Haben Sie Fragen oder benötigen Sie weiteren Rat zum Thema? Wir freuen uns auf Ihre Nachricht!

GRÄFE UND UNZER VERLAG
Leserservice
Postfach 86 03 13
81630 München

Wir sind für Sie da!
Montag–Donnerstag: 8.00–18.00 Uhr
Freitag: 8.00–16.00 Uhr
Tel.: 0180 - 500 50 54*
Fax: 0180 - 501 20 54*
E-Mail: leserservice@graefe-und-unzer.de

*(0,14 €/Min. aus dem deutschen Festnetz, Mobilfunkpreise maximal 0,42 €/Min.)

Neugierig auf GU? Jetzt das GU-Kundenmagazin und die GU-Newsletter abonnieren.

Wollen Sie noch mehr Aktuelles von GU erfahren, dann abonnieren Sie unser kostenloses GU-Magazin und/oder unseren kostenlosen GU-Online-Newsletter. Hier ganz einfach anmelden:
www.gu.de/anmeldung

Die Autorin

Margit Proebst studierte Kunstgeschichte und Philosophie, daneben betrieb sie über viele Jahre einen kleinen Catering-Service. Seit 1999 arbeitet sie als Kochbuchautorin und Foodstylistin in München, inzwischen sind über 30 Bücher von ihr erschienen. Die Liebe zur Kunst und zum guten Essen führt sie regelmäßig auf Reisen. In Österreich, Frankreich, Spanien, Italien und Thailand ließ sie sich für die Rezepte und Menüs dieses Buches inspirieren, mit denen sie gerne ihre Gäste verwöhnt.

Die Fotografen

Das Studio **L'EVEQUE Tanja & Harry Bischof** (Styling & Fotografie) arbeitet seit Jahren intensiv für Werbung, Bücher und Zeitschriften im Foodbereich. In der Innenstadt Münchens kreiert das Team Foodaufnahmen in erfrischendem Licht und appetitanregendem, trendigem Styling. Das Fotostudio dankt »Le Bazar de Cuisine«, München, für das Ausleihen von Requisiten.

Syndication: www.jalag-syndication.de

Projektleitung:
Alessandra Redies

Lektorat:
Cora Wetzstein

Korrektorat:
Waltraud Schmidt

Innenlayout, Typografie und Umschlaggestaltung:
independent Medien-Design,
Horst Moser, München

Satz:
Knipping Werbung GmbH, Berg/Starnberg

Herstellung:
Petra Roth

Reproduktion:
Longo AG, Bozen

Druck und Bindung:
Printer, Trento

ISBN 978-3-8338-2161-5
1. Auflage 2011

GRÄFE UND UNZER

Ein Unternehmen der
GANSKE VERLAGSGRUPPE